人才培养与乡村振兴战略探索

陈 萍 刘春生 孙玉良 ◎著

中国书籍出版社

图书在版编目（CIP）数据

人才培养与乡村振兴战略探索 / 陈萍, 刘春生, 孙玉良著. -- 北京：中国书籍出版社, 2023.12
ISBN 978-7-5068-9732-7

Ⅰ.①人… Ⅱ.①陈…②刘…③孙… Ⅲ.①农村—社会主义建设—人才培养—研究—中国 Ⅳ.①F320.3

中国国家版本馆CIP数据核字(2023)第234732号

人才培养与乡村振兴战略探索
陈 萍 刘春生 孙玉良 著

图书策划	邹 浩	
责任编辑	毕 磊	
责任印制	孙马飞 马 芝	
封面设计	博健文化	
出版发行	中国书籍出版社	
地　　址	北京市丰台区三路居路97号（邮编：100073）	
电　　话	（010）52257143（总编室）　（010）52257140（发行部）	
电子邮箱	eo@chinabp.com.cn	
经　　销	全国新华书店	
印　　厂	北京四海锦诚印刷技术有限公司	
开　　本	710毫米×1000毫米 1/16	
印　　张	10.5	
字　　数	195千字	
版　　次	2024年4月第1版	
印　　次	2024年4月第1次印刷	
书　　号	ISBN 978-7-5068-9732-7	
定　　价	68.00元	

版权所有　翻印必究

前　言

乡村拥有着广阔的土地资源，环境优美，民风淳良，是人们休闲观光、旅游度假、生活栖息的好去处。我们要充分利用乡村的这些优势，不断激发乡村的潜能，唤醒那些沉睡的力量，着力振兴乡村，将乡村建造为美好、幸福、和谐的人间天堂。

乡村振兴（Rural Revitalization）是一个全球性议题，其主要目标是实现城乡协调发展，提高农村生活水平，改善基础设施，提升农业产业水平，以及保护生态环境。随着经济的高速发展，我国城市和农村之间的发展水平和生活水平差距逐渐扩大，政府提出了乡村振兴战略。为了实现这一目标，需要政府和社会各界共同努力，采取多元化的措施，改善乡村地区的基础设施，包括交通、通信、能源、水利等方面，加强农村教育、卫生、养老等公共服务体系建设，推动农村产业结构调整，发展特色农产品、绿色农业和现代农业技术，提高农业产值；加强乡村文化的保护和传承，挖掘乡村的历史文化价值。而在这一系列措施实施的过程中，需要大量人才。怎样培养人才，吸引外来人才，用好人才，是乡村振兴战略的重中之重。

本书聚焦人才培养与乡村振兴战略探索。全书首先对乡村振兴战略的基础理论进行简要概述，介绍了乡村振兴的意义、要求、路径选择及推进体系等；然后对乡村振兴战略实施的相关问题进行梳理和分析，包括乡村振兴战略下的治理新理念与新思维、实施乡村振兴战略的依据等；之后在乡村振兴战略下的人才培养实施方面进行探讨。作者撰写时力求论述严谨，结构合理，条理清晰，内容新颖，争取为乡村振兴战略提供一定的理论知识，同时为乡村振兴背景下人才培养相关理论的深入研究提供借鉴。

目　录

前　言 ....

第一章　乡村振兴概述 1

　　第一节　乡村振兴的意义与要求 1
　　第二节　乡村振兴的路径选择 5
　　第三节　乡村振兴的突进体系 11

第二章　乡村振兴战略下的治理理念与思维 18

　　第一节　乡村振兴战略背景下的治理新理念——自治 18
　　第二节　乡村振兴战略背景下的治理新思维——法治 30

第三章　实施乡村振兴战略的依据 43

　　第一节　实施乡村振兴战略的理论依据 43
　　第二节　实施乡村振兴战略的实践依据 50

第四章　乡村振兴战略与乡村人才 70

　　第一节　乡村振兴需要乡村人才 70
　　第二节　乡村振兴战略的核心驱动要素——人才支撑 74

第五章　乡村振兴战略下特色农业应用型人才的培养 84

　　第一节　特色农业应用型人才培养的理论 84
　　第二节　特色农业应用型人才培养的实践 92

第六章 乡村振兴战略下"一懂两爱"人才的培养 ………… 98

第一节 "一懂两爱"新型职业农民的培养实践 ………… 98
第二节 "一懂两爱"农业高科技人才培养实践 ………… 115
第三节 "一懂两爱"专业技术人员的培养实践 ………… 120

第七章 高校服务乡村振兴模式的理论与实践创新 ………… 144

第一节 高校服务乡村振兴模式的理论分析 ………… 144
第二节 高校服务乡村振兴模式的实践创新 ………… 149

参考文献 ………… 159

第一章　乡村振兴概述

第一节　乡村振兴的意义与要求

一、乡村振兴的重大意义

（一）实施乡村振兴战略，是实现社会主义现代化建设战略目标的必然要求

农业农村现代化是国民经济的基础支撑，是国家现代化的重要体现。中国要强，农业必须强；中国要美，农村必须美；中国要富，农民必须富。任何一个国家尤其是大国要实现现代化，唯有城乡区域统筹协调，才能为整个国家的持续发展夯实基础、提供支撑。农业落后、农村萧条、农民贫困，是不可能建成现代化国家的。中国共产党始终把解决14亿多人口的吃饭问题当作最大的民生，着力保障主要农产品的生产和供给；始终坚持农业是工业和服务业的重要基础，保护和发展农业，以兴农业来兴百业；始终坚持农村社会稳定是整个国家稳定的基础，积极调整农村的生产关系和经济结构，促进农村社会事业发展，以达到"农村稳，则天下安"。改革开放以来，农业农村总体发展较快，现代化水平有了很大提高。我们必须切实把农业农村优先发展落到实处，深入实施乡村振兴战略，积极推进农业供给侧结构性改革，培育壮大农村发展新动能，加强农业基础设施建设和公共服务，让美丽乡村成为现代化强国的标志，不断促进农业发展、农民富裕、农村繁荣，保障国家现代化建设进程更协调、更顺利、更富成效。

（二）实施乡村振兴战略，是解决我国社会主要矛盾的必然要求

经过全党和全国各族人民的共同努力，我国经济发展、实力增强、社会进步和人民生活都取得了巨大成就，社会主要矛盾转化为人民日益增长的美好生活需要和不平衡不充分的发展之间的矛盾。当前，城乡发展不平衡是我国最大的发展不平衡，农村发展不充分是最大的发展不充分。加快农业农村发展，缩小城乡差别和区域差距，是乡村振兴的应有之

义，也是解决社会主要矛盾的重中之重。不论城镇化如何发展，农村人口仍会占较大比重，几亿人生活在乡村。即使是城里人，也会向往农村的自然生态，享受不同于都市喧闹的乡村宁静，体验田野农事劳作，品赏生态有机的美味佳肴。要协调推进农村经济、政治、文化、社会、生态文明建设和党的建设，全面推进乡村振兴，让乡村尤其是那些欠发达的农村尽快跟上全国的发展步伐，确保在全面建设社会主义现代化国家的征程中不掉队。

（三）实施乡村振兴战略，是满足亿万农民对美好生活新期待的必然要求

以习近平同志为核心的党中央着眼党和国家事业全局，顺应时代发展要求，把握城乡关系变化特征和现代化建设规律，对"三农"工作提出了一系列新论断和新要求，充分体现了以人民为中心的发展思路，科学回答了农村发展为了谁、发展依靠谁、发展成果由谁享有的根本问题。中国共产党一直以来把依靠农民、为亿万农民谋幸福作为重要使命。这些年来，农业供给侧结构性改革有了新进展，新农村建设取得新成效，深化农村改革实现新突破，城乡发展一体化迈出新步伐，脱贫攻坚开创新局面，农村社会焕发新气象，广大农民得到了实实在在的实惠，实施乡村振兴战略、推进农业农村现代化建设的干劲和热情空前高涨。只要我们坚持以习近平新时代中国特色社会主义思想为引领，立足国情农情，走中国特色的乡村振兴道路，就一定能更好地推动形成工农互促、城乡互补、全面融合、共同繁荣的新型城乡工农关系，让亿万农民有更多的获得感，全体中国人民在共同富裕的大道上昂首阔步、不断迈进。

（四）实施乡村振兴战略，是为世界各国贡献中国智慧的必然要求

中国共产党人在革命、建设和改革发展进程中，立足中国国情，进行了许多积极有效的实践探索，不仅在国家富强和人民幸福上取得举世瞩目的巨大成就，而且为全球进步、发展提供了有益的借鉴。在现代化进程中，乡村必然会经历艰难的蜕变和重生，有效解决乡村衰落和城市贫民窟现象是世界上许多国家尤其是发展中国家面临的难题。

二、乡村振兴的总体要求

（一）以党的"三农"思想为指导，走中国特色社会主义乡村振兴道路

坚定地走中国特色社会主义乡村振兴道路，坚持重塑城乡关系，走城乡融合发展之路，实现城镇与乡村共同发展、相得益彰。巩固和完善农村基本经营制度，健全农村要素

市场化配置机制，实现小农户和现代农业发展有机衔接，走共同富裕之路。坚持人与自然和谐共生，深化农业供给侧结构性改革，走质量兴农、绿色发展之路。传承、发展、提升农耕文明，走乡村文化兴盛之路，把我国优秀农耕文化遗产和现代文明要素结合起来，让中华优秀文化在新时代生生不息、魅力无穷。加强和创新乡村治理，走乡村善治之路，让农村社会既充满活力又和谐有序。

（二）加强和改善党对"三农"工作的领导，把农业农村优先发展落到实处

农业是安天下的产业，是为广大农村人口提供就业机会、实现农民共同富裕的重要产业，是为居民提供食物、为工业提供原料的基础产业，是关系国家经济安全和社会稳定的战略产业。农业是保证和支持国民经济正常运行的基础，为工业和服务业发展提供资金、原材料、劳动力资源和广阔的市场空间。

农业农村农民问题是关系国计民生的根本性问题，必须始终把解决好"三农"问题作为全党工作的重中之重。把农业农村优先发展落到实处，做到干部配备上优先考虑，要素保障上优先满足，资金投入上优先保障，公共服务上优先安排。充分发挥新型工业化、城镇化、信息化对乡村振兴的辐射带动作用，加快农业农村现代化。深入推进以人为核心的新型城镇化，促进农村劳动力的转移和转移人口的市民化。积极引导和支持资源要素向"三农"流动，在继续加大财政投入的同时，鼓励更多的企业"上山下乡"，推动更多的金融资源向农业农村倾斜，支持更多人才到农村广阔天地创业创新。进一步统筹城乡基础设施和公共服务，加大对农村道路、水利、电力、通信等设施的建设力度，加快发展农村社会事业，推进城乡基本公共服务均等化。

加强和改善党对"三农"工作的领导，提高新时代全面推进乡村振兴的能力和水平。完善党委统一领导、政府负责、党委农村工作部门统筹协调的领导体制，实行中央统筹、省负总责、市县抓落实、乡村组织实施的工作机制。坚持党政"一把手"是第一责任人，五级书记抓乡村振兴，其中，县委书记尤其要当好乡村振兴的"一线总指挥"。各有关部门要结合自身职能定位，确定工作重点，细化政策举措，分解落实责任，切实改进作风，不断提升服务"三农"的本领。

（三）坚持"五位一体"有机统一，协调推进乡村全面振兴

实施乡村振兴战略，是党的十九大作出的重大决策部署。如期实现第一个百年奋斗目标并向第二个百年奋斗目标迈进，最艰巨、最繁重的任务在农村，最广泛、最深厚的基础在农村，最大的潜力和后劲也在农村。要从国情农情出发，顺应亿万农民对美好生活的向

往，坚持把农村的经济建设、政治建设、文化建设、社会建设、生态文明建设，作为一个有机整体，统筹协调推进，促进农业全面升级、农村全面进步、农民全面发展。坚持以产业兴旺为重点、生态宜居为关键、乡风文明为保障、治理有效为基础、生活富裕为根本，书写好实施乡村振兴这篇大文章。

推进乡村产业振兴，紧紧围绕建设现代农业和农村一二三产业融合发展，深化农业供给侧结构性改革，坚持质量兴农、绿色发展，确保国家粮食安全，调整优化农业结构，构建乡村产业体系，提高农业的创新力和竞争力，实现乡村产业兴旺、生活富裕。

推进乡村人才振兴，加快培育新型农业经营主体，激励各类人才到农村广阔天地施展才华、大显身手，让愿意留在乡村搞建设的人留得安心，让愿意"上山下乡"到农村创业创新的人更有信心，打造强大的人才队伍，强化乡村振兴人才支撑。

推进乡村文化振兴，以社会主义核心价值观为引领，加强农村思想道德建设和公共文化建设，深入挖掘优秀农耕文化内涵，培育乡土文化人才，推动形成文明乡风、良好家风、淳朴民风，更好地展示农民的良好精神风貌，提高乡村社会文明程度，焕发乡村文明新气象。

推进乡村生态振兴，加强农村生态文明建设和环境保护，综合治理农村突出的环境问题，扎实推进农村"厕所革命"和垃圾分类，完善农业生活设施，倡导绿色生产和生活方式，以优良生态支撑乡村振兴，让农村成为安居乐业的美丽家园。

推进乡村组织振兴，加强以党组织为核心的村级组织建设，打造坚强的农村基层党组织，培养优秀的农村党组织书记，深化村民自治、法治、德治，发展农民合作经济组织，增强村级集体经济实力，为实施乡村振兴战略提供保障。

(四) 尊重农民首创精神，充分调动主体积极性

中国农民历来以勤劳、智慧著称于世，在历史长河中创造了许许多多可歌可泣的辉煌业绩。新中国成立以来，我国农民在实践中探索了"大包干"、发展乡镇企业、建农民新城、农家乐旅游等成功做法，经党和政府总结、提升、扶持、推广，转化为促进生产力发展和农民增收致富的巨大能量。尊重农民首创精神，鼓励农民大胆探索，是党的群众路线的生动体现，也是实践证明行之有效、理当继续坚持的原则要求。在推进乡村振兴的过程中，必须认清农民主体地位，尊重农民创造，鼓励基层创新，充分调动各个方面特别是广大农民的积极性、创造性，汇聚支农助农兴农的力量。

长期稳定农村基本政策。稳定农村政策，就能稳定农民人心。坚持以家庭承包经营为基础、统分结合的双层经营制度，长期稳定土地承包关系，实行土地所有权、承包权、经

营权"三权"分置,促进土地合理流转,发展适度规模经营。坚持劳动所得为主和按生产要素分配相结合,鼓励农民通过诚实劳动、合法经营和加大资本、技术投入等方式富起来,倡导先富帮助和带动后富,实现共同富裕。在保护粮食生产能力的同时,积极发展多种经营,推动农业农村经济结构调整等。这些基本政策符合农民的利益和愿望,有利于调动亿万农民的积极性,保护和发展农村生产力。

鼓励农民的实践创造。尊重农民的生产经营自主权。在市场经济条件下,农户作为独立的经营主体和自负盈亏的风险承担者,其生产经营的自主权理当受到尊重。支持农民根据市场需要和个人意愿,选择生产项目和经营方式,实现生产要素跨区域的合理流动;政府侧重于规划引导、政策指导和提供信息、科技、营销等服务,创造良好的生产条件和公平有序的市场环境。

维护农民的物质利益和民主权利。在经济上切实维护农民的物质利益,在政治上充分保障农民的民主权利,是保护和调动农民积极性的两个方面。要坚持"多予、少取、放活"的方针,加快发展现代农业和农村经济,大力提升农村基础设施和公共服务水平,推进农村基层民主建设和村务公开,不断增强乡村治理能力,从而让农民真正得实惠,激发其作为主体投身乡村振兴的积极性和创造性。

第二节 乡村振兴的路径选择

一、坚持以农为本

实施乡村振兴战略,是"以人民为中心"的发展思想在"三农"工作中生动而充分的体现,其最终目的是为了农业更好地发展、农村更快地进步、农民更多地受益,满足亿万农民对美好生活的向往,也使我们国家的现代化更平衡、更充分地发展。推进乡村振兴,必须以农业农村农民的全面发展为根本出发点和落脚点。

走质量兴农、绿色发展之路,加快建设现代农业。以供给侧结构性改革为主线,推进农业由增产导向转向提质导向,构建现代农业产业体系、生产体系、经营体系,着力提高农业经济效益和竞争力。优化农业生产和农产品结构,顺应市场需求,发展品质优良、特色鲜明、绿色安全、附加值高的优势农产品,提升精深加工水平,加快实现农业的绿色化、标准化、品牌化。

持续增加农民收入,保护农民的合法权益。更加全面审视和评估乡村的价值,更好地发挥农业农村的生产、生活、生态和文化多重功能,让农业"接二连三",促进农产品转化增值,挖掘农业增收潜力。大力发展农村二、三产业,实现乡村经济多元化,增加农民创业收入。加强对农民就业的指导和服务,完善城乡一体化的劳动力市场,拓展农村劳动力转移和增加工资性收入的新空间。维护农民土地承包等权益,明晰集体资产权能,积极发展农村合作经济,促进资源变资产、资金变股金、农民变股东,增加农民财产性收入。

完善农村基础设施,提升公共服务水平。加快补上农村交通、电力、通信、水利、供排水等基础设施的短板,实现城乡互联互通,为广大乡村宜业、宜居、宜游创造有利条件。破除城乡之间要素流动的障碍,促进城市资金、技术、信息、人才等各种要素涌向乡村广阔天地。努力缩小城乡在教育、卫生、文化、体育等社会事业上的差距,不断完善农村社会保障体系,着力提升农村公共服务的供给能力和水平。

与此同时,还要在繁荣农村文化,塑造文明乡风,提升乡村治理能力,加快建构自治、法治、德治相结合的乡村治理体系,加强农村公共安全体系建设等方面持续发力,久久为功,不断取得成效,推动"三农"全面发展。

二、坚持统筹规划

乡村振兴是一项综合性强、涉及面广、时空跨度大的系统工程,必须高度重视统筹规划,把好的理念、思路转化为规划文本,进而作为具体实施的指导和参照,以达到有力、有序、有效推进的目的。在规划编制过程中,要特别注重以下几个方面。

注重各项内容的综合。乡村振兴要围绕农村经济建设、政治建设、文化建设、社会建设、生态文明建设和党的建设,按照产业兴旺、生态宜居、乡风文明、治理有效、生活富裕的总要求,全面推动乡村产业振兴、人才振兴、文化振兴、生态振兴、组织振兴,把党和国家对解决"三农"问题、推进农业农村现代化的各项要求充分体现到规划内容中,明确落实到实际举措上。

注重各类规划的集合。坚持"多规合一",把乡村振兴规划与经济社会发展规划、主体功能区规划、城乡建设布局规划、土地利用规划、生态建设和环境保护规划、农村基础设施和公共服务发展规划、城乡社会保障建设规划等相关规划紧密结合,加强相互间有机衔接,做到不漏项、不矛盾、不冲突,促进各方面政策、资金、力量等向乡村振兴战略倾斜和集中。

注重各种资源的聚合。土地、资金、劳动力是生产力发展最基本的资源要素,在推进乡村振兴时,尤其是统筹规划中应当予以高度重视。结合我国国情农情和各地实际,对森林、水、草原、生物、海洋等资源的科学保护和合理利用,对互联网、大数据、人工智能等现代科技手段的运用，都理当被列入规划研究和编制的范围。

注重各方力量的整合。乡村振兴涉及组织、宣传、政法、发改、农业、林业、水利、国土、海洋、交通、电力、通信、建设、环保、科技、民政、旅游、教育、文化、卫生、体育、社会保障等多个部门的方方面面，可以说，我们党和政府设置的机构几乎都与之相关。同时，政府、企业、社会各方力量和广大农民的协同联动，可以汇聚起推进乡村振兴的巨大能量，这些在规划的编制和实施中都要切实得到体现。

三、坚持融合发展

实施乡村振兴战略，必须始终贯穿融合发展的理念和要求，加快构建城乡、"三农""三产"融合发展的体制机制和政策体系，实现乡村振兴大融合。

突出都市城镇乡村的融合。大、中、小城市与小城镇、乡村协调发展，是中国特色城镇化与乡村振兴互促互进、共生共存的应有之义。当前，城市的基础设施条件和公共服务水平明显优于乡村，在城乡要素的合理流动、公共设施的互联互通、资源配置的均衡共享等方面存在不少问题，需要我们着力去解决。要统筹考虑都市、城镇和乡村的建设与发展，协调推进城乡一体化，坚持以城带乡、工农互促、全面整合，重塑城乡关系，走城乡融合发展之路。

突出农业农村农民融合。乡村振兴是农村产业、人才、文化、生态、组织的全面振兴，是新时代统筹推进"三农"工作的总抓手。必须坚持以农业为主业、农民为基础，把增进农民福祉作为出发点和落脚点，把产业、村庄、农民、资源要素等全面而精准地聚合起来，加强统筹规划，注重有机衔接，让农业产业、龙头企业、产地市场、农技服务和村庄建设等融为一体，真正做到规划布局美、生态环境优、公共服务强、"三农"结合紧、百姓收益多。

突出一产二产三产融合。产业兴旺不光要推动种养业的发展，更要推进农业生产与农产品加工、乡村旅游、电子商务、文化创意、健康养生等产业和业态的互动，推进一二三产业的深度融合。在继续加强和优化提升种养业的基础上，发展精深加工、营销服务、休闲观光、创意农业等，把产业链拉长做宽。顺应"互联网+"的趋势，依托农业主导产业和优势特色产品，大力运用先进的科技手段，培育新业态、新经济。如以产加销有机衔接为基础，完善产业链，提升价值链，发展农业全产业链经济；以农家乐、乡村旅游、自然生态养生、农耕文化体验、特色农产品展销等为主要内容，发展乡村美丽经济；以农资供应、农机作业、科技和信息化服务、农村电子商务等为重点，发展乡村社会化服务经济。

突出生产生活生态融合。农业的基本属性是生产，又兼具多种功能。要以生产功能为基础，充分展现农业的生态生活功能，传承和挖掘乡村资源优势，培育壮大新产业，使农业不仅提供物化产品，而且同时产出生态产品、健康产品、文化产品。立足资源禀赋，发展设施立体农业、循环农业、创意农业，做大做强特色优势产业，提高土地综合产出率。加强"美丽山水+美丽村庄+美丽田园+美丽庭院"全美系列建设，让农业成为美丽产业，让田野成为靓丽的风景，让农民成为令人羡慕的职业，让农村成为舒心的家园，让整个乡村成为心旷神怡的大花园。

四、坚持因地制宜

我国地域广阔，村情千差万别，农耕历史悠久，农业文明灿烂。各地区各民族在历史长河中孕育和发展起来的特色产业、村寨建筑、村规民约、礼仪习俗等，丰富多彩，精彩纷呈。东部中部西部，自然环境各有不同；南方中原北疆，人文景观风姿独特；山区平原海岛，民风习俗差异明显。在实施乡村振兴战略、推进城乡融合发展过程中，必须从各地实际出发，精准认识和把握当地的历史、文化、民俗等，在坚持乡村建设一般规律的同时，充分尊重不同地方、不同民族和不同发展水平的特殊性，因地制宜，因村制宜，把乡村振兴这篇大文章书写好。

村庄是农民的根基，也是区域特色、人文内涵的积淀和展示。随着工业化、城镇化的发展，许多村庄面临新的变化要求。要按不同村庄的现实条件和发展趋势，分门别类采取不同的举措。对大多数农村而言，要尊重历史风貌和农民意愿，开展村庄整治和建设，治理"脏乱差"，搞好绿化、洁化、美化，使村庄农舍与自然山水、人文景观融为一体，相得益彰。对一些位于大城市核心区的"城中村"和重大建设项目推进中涉及的村庄，就不宜再花很多资金和精力去建设新农村，而应该在统筹规划下加速城镇化、市民化过程。对那些具有鲜明历史印记和文脉特征的传统村落、古老建筑，则要加大保护和修复的力度，并予以合理的利用。对于少数地处高山深山远山、生态敏感而脆弱、基础设施条件差的村庄，可采用移民搬迁、异地安置的办法，鼓励下山脱贫，改善生产生活条件。有的村资源不足、基础薄弱、发展潜力有限，要引导接受周边强村强企的辐射带动；也可在充分征求村民意愿的前提下，实施成建制的村庄、村民自愿组合，以更好地保护和利用资源，加快实现共同富裕。

总之，要充分尊重自然条件、历史人文、村寨风貌和百姓意愿，从客观实际出发，把整治的强度、建设的力度、推进的速度与财力的承受度和农民的接受度结合起来，不搞"一刀切"，不搞层层加码，切忌行政命令，杜绝"形象工程"，既尽力而为，又量力而行，注重引导激励和示范带动，扎实推进乡村振兴战略的实施。

五、坚持改革创新

新中国对"三农"道路的探索过程，本身就是中国共产党带领亿万农民不断改革创新的过程。新时代依然需要发挥改革创新精神，勇于探索，大胆实践，在中国特色乡村振兴道路上不断开拓前进，重点要在以下几个方面实现创新和突破。

创新生产要素集聚机制。发展现代农业需要集聚基本的生产资料，这是促进农业农村经济向规模化、集约化、专业化迈进的前提条件。要坚持土地承包关系长久不变，做好农村土地承包经营权确权登记。在尊重农民意愿的基础上健全土地流转机制，推动农村土地适度规模经营，鼓励采用委托流转、股份合作、土地入股等方式连片集中流转，提高土地流转质量和利用效率。引导金融资金投向"三农"，深化银农合作，创新服务方式，发展农业政策性保险，进一步提升为农服务的水平。加大政府财政性资金向"三农"的倾斜力度，吸引社会资本多元化投入。进一步优化农业农村人才培养机制，引导和鼓励更多的创业创新人才投身乡村振兴事业，在广阔天地里长才干、得收益、作贡献。

创新农业主体培育机制。新型农业经营主体是发展现代农业的骨干力量，也是推进乡村振兴的人才支撑。要在继续重视专业大户培育的基础上，鼓励兴办家庭农场，提高生产经营水平。多措并举推动农业专业合作社提升发展，积极引导种养大户和家庭农场加入农民专业合作社，提升组织化程度和合作化水平。引导和扶持带动力强的农业龙头企业，通过品牌嫁接、资本运作、产业延伸等途径实行联合或重组，培育一批产业分工协作、相互联系紧密的农业企业集群。鼓励发展"龙头企业+专业合作社+家庭农场+农户"等模式，实现生产经营主体与小农户的联结。加快构建新型农业社会化服务体系，开展现代农业产前、产中、产后全程服务。围绕产业链来建设服务设施和服务组织，重点推进新品种、新技术、新机具的应用，做好农资供应、作业服务、饲料配送和动植物诊疗、农产品质量控制、农业设施改造提升等服务，推动营销平台、品牌创树、信息服务、物流配送等能力建设，引导和鼓励各类人才特别是"农创客"为现代农业发展提供社会化服务。

创新集体产权管理机制。农村集体资金资产资源是目前农民最大的公共财产，是影响农村社会和谐稳定的重点领域。要以确保农村集体财产的保值增值安全运营为目标，深入推进农村集体"三资"管理规范化建设，着力提升管理水平。全面创建农村集体"三资"管理规范化的县、乡镇，不断巩固和拓展创建成果。村级集体经济既是增强农村基层组织服务能力的重要保障，也是增加农民集体财产性收入的来源之一。因地制宜引导和支持农村集体经济进一步发展壮大，切实增加村集体可分配收益，为发展农村社会公益事业和促进农民持续增收打造新增长点。重视、加强对集体经济薄弱村的指导和扶持，努力增强为农民服务的实力。坚持实行减轻农民负担"一票否决制"、涉及价格和收费"公示制"、村级组织公费订阅报刊"限额制"等制度，巩固农村税费改革后农民减负的成果，切实维护农民合法权益。

创新公共资源配置机制。在深化农村征地制度改革、完善征地补偿机制、提高补偿水平的基础上，探索建立城乡统一的建设用地市场，推进农村集体建设用地使用权的流转，允许农村集体经济组织和农民参与城镇建设规划区外占用农村集体用地的非公益性项目开发经营。加强对农地的用途管制，综合运用法律、经济等手段，遏制非农化、非粮化倾向。积极稳妥地推进户籍管理制度改革，加快建立以合法稳定住所或稳定职业为户口迁移条件、以经常居住地为户口登记基本形式的城乡统一的户籍管理制度，推动加快建立农民转得出、进得去、回得来的户籍管理制度。推进城乡公共服务保障一体化，解决农民社保、医保等城乡二元问题，畅通"农保"向"城保"转换的通道。

六、坚持共建共享

实施乡村振兴战略，是党的重大战略部署，是党的意志的集中体现，也是广大人民群众建设美好家园的迫切要求。必须坚持以人民为中心，集聚各方力量，汇聚乡村振兴的强大合力，围绕农民群众最关心、最直接、最现实的利益问题，抓重点、补短板、强弱项，把乡村建设成为幸福、美丽、和谐的家园。

党政主导。乡村振兴是一项庞大的系统工作，既涉及重大法律政策制度安排，也涉及农村基本建设和各项事业发展。只有坚持党政主导，充分体现党的主张，才能保持工作协调性，推动乡村振兴美好愿景如期实现。进一步发挥好党领导"三农"工作这一政治优势，扛起为农民谋幸福的重要使命。切实强化党政在乡村振兴的战略谋划、政策运用等方面的主导作用。研究制定乡村振兴规划，完善地方性政策和制度体系，强化制度供给和公共服务，确保各项事业有力推进。乡村振兴涉及方方面面，任务繁重、工作艰巨，要坚持各部门协调联动、各工作统筹推进，形成齐抓共管的合力。

农民主体。实施乡村振兴，旨在为了农民，更要依靠农民。乡村振兴干什么、怎么干，需要把农民群众的内生动力充分激发出来，让农民群众切身感受发展带来的长远实惠，从而在情感上有认同感，在利益上有获得感，夯实乡村振兴最广泛的群众基础。尊重农民群众的自主意愿，既不盲目替代决策，又做好教育引导工作。特别是在事关农民群众切身利益的事项如农业产业发展、农村社会治理上，尊重农民的主体地位，让其有充分的话语权和表达利益诉求的机会。通过积极引导，促使其树立起农业绿色发展的意识，用产业的思维去改造传统生产方式，用商业的思维去提高农产品价值，用共享的思维去开展生产合作。走中国特色的乡村善治路子，有序实现自我管理、自我教育、自我服务。激发广大农民参与乡村建设的主体意识，在乡村振兴规划、农村人居环境改造、经济发展和社会建设等方面，广泛征求意见建议，使农民群众保持更大的热情和干劲，真正成为乡村振兴的衷心拥护者、积极践行者和实惠受益者。

社会参与。乡村振兴，客观上需要投入众多的资源要素。广泛引导社会资本投入农业农村，发展现代种养业、农村服务业、农产品加工业、农村电商以及乡村旅游等产业，充分发挥企业的资本、经营、人才等优势，创新企业与村民之间的利益联结和分享机制。鼓励金融资本流向农业农村，增加金融信贷和政策性保险产品，完善服务方式和运行机制，有效支持乡村振兴。引导农民工返乡、大学生回乡、城市能人下乡，高质量发展农业和农村二、三产业，推进大众创业、万众创新。广大乡贤是吸纳要素、塑造乡风、倡导文明的重要力量，要不断壮大乡贤队伍，营造崇德尚贤的良好氛围，激发乡贤投身于家乡建设的情怀，为乡村振兴集聚资源和强大精神动力。强化政策支持、法律保护和制度供给，打造宜居、宜业、宜游的美丽乡村，更好地为社会力量参与乡村振兴创造条件。

建强组织。村级党组织是党组织体系的"神经末梢"，对于贯彻落实党的路线、方针、政策，有效开展农村治理和乡村振兴意义重大。坚持把政治建设摆在首位，强化农村基层党组织在乡村治理体系中的领导核心作用，充分发挥党员的示范带动作用，突出抓好党建，促进乡村振兴。积极探索农村基层党组织建设的有效路径，选好配强基层党组织书记，鼓励村党组织书记依法选举担任村经济合作社董事长，加强村党组织对集体经济的领导权。多形式发展壮大农村集体经济，大力推进薄弱村转化，增强村级集体经济"造血"功能，保障村级组织正常运转，夯实党在农村的执政基础。创新村民自治的有效实现形式，完善村民代表会议制度，规范村级组织议事决策程序，形成民事民议、民事民办、民事民管的基层协商格局。

第三节 乡村振兴的突进体系

一、完善的组织体系

发挥党的领导的政治优势，压实责任，完善机制，把党中央关于乡村振兴的部署要求落实下去。要真正把实施乡村振兴战略摆在优先位置，确保党在农村工作中始终总揽全局、协调各方，为乡村振兴提供坚强有力的政治保障。

（一）加强和改进党对农村工作的领导

加强和改进党对"三农"工作的领导，重点是要明确谁来领导、谁来负责、谁来落实等问题。要坚持和完善党对"三农"工作的领导，完善党的农村工作领导体制机制。把农业农村现代化作为现代化的基础条件和重要组成部分，作为解决新矛盾、新问题、新挑战的头等大事，坚持工业农业一起抓、城市农村一起抓，夯实基础地位，转变发展方式，保持良好态势。健全党委统一领导、政府负责、党委农村工作部门统筹协调的农村工作领导体制，落实好乡村振兴战略领导责任制，切实解决一些地方对"三农"工作重视不够、抓得不实等突出问题。建立乡村振兴领导责任制，实行中央统筹、省负总责、市县抓落实的工作机制。党政一把手是第一责任人，五级书记抓乡村振兴，县委书记当好乡村振兴"一线总指挥"。切实加强各级农村工作部门建设，按照规定做好机构设置和人员配置工作，充分发挥决策参谋、统筹协调、政策指导、推动落实、督导检查等职能，发挥乡村振兴总牵头、总协调作用。

（二）形成齐抓共管的工作格局

乡村振兴战略具有全面性、系统性，单靠农口部门抓不行，所有相关单位都要参与进来，全社会都要共同致力于乡村振兴。各级"三农"综合部门作为总牵头单位，要加强机构建设，增强工作力量，提高工作绩效。农口部门要统一思想，服从整体，步调一致，形成推动乡村振兴的主力军。组织部门牵头抓好农村基层党建，实施好农村头雁工程，加强党的引领，夯实基层基础。宣传文化部门牵头推进乡村文化兴盛，增强农村文化自信，提振农民群众精气神。政法部门牵头抓好乡村社会治理工作，扎实推进自治法治德治"三治结合"，做好乡村善治示范村创建的组织工作。发改部门会同农口有关部门，编制好乡村振兴战略规划，协同推进乡村振兴重大项目建设。统计部门尽快形成乡村振兴指标体系、评价体系。质监部门要积极开展乡村振兴标准化试点，加快建立标准体系。经信、交通、商务、旅游、供销、金融、电力、通信等部门，要把助推乡村振兴作为履职尽责的重要内容，扎实抓好相关工作。工青妇和工商联等群团组织，要积极发挥自身优势，动员全社会更多力量参与乡村振兴。

（三）全面夯实农村基层基础

办好农村的事，要靠好的带头人，靠一个好的基层党组织。要旗帜鲜明加强农村党组织对农村各类组织、各项事务的领导，健全村党组织对村级重大事项、重要问题、重要工作讨论决定机制，巩固农村党组织在农村的领导地位。积极创新符合农村发展趋势的党组织设置方式，理顺农村各类党组织隶属关系，扩大党在农村的组织覆盖面和工作覆盖面。"火车跑得快，全靠车头带。"实施农村头雁工程，加强农村基层带头人队伍建设，选好育好用好管好农村党组织书记。严格党内组织生活，全面落实"三会一课"、支部主题党日等制度。运用互联网设计新载体，提高党员教育管理水平，发挥其在乡村振兴中的先锋模范作用。

二、高效的工作体系

（一）建立各负其责的工作机制

实施乡村振兴战略是一项长期任务，涉及方方面面的工作，不是哪个部门单独就能干得了的，不建立各负其责的工作机制，不形成统筹协调、齐抓共管的工作格局，肯定不行。在系统谋划、明确任务的基础上，根据不同任务的内容和性质，有选择地组建相宜的工作专班（小组），形成各负其责的工作机制。在力量整合上，打破部门壁垒、条块分割，构建体制机制统筹整合、资源要素优化配置、全部力量打通使用的工作格局，实行专业化、集约化、扁平化、一体化的工作模式。在工作推进上，坚持深化细化具体化，明确时间、倒排计划、设定节点、分工落实、捆绑责任、结果验收、考核奖罚，做到工作项目化、项目清单化、清单责任化、责任考核化。在组织架构上，对于在县级层面确定的一些重点工作，可建立"副县长+办公室副主任+局长+重点乡镇"的工作专班，各专班主任或专职副主任牵头协调推进过程中的具体工作和日常事务，打破政府口子分割和部门壁垒。

（二）坚持分类指导的推进机制

我国乡村形态格局正处在大演化、大调整时期，乡村振兴要科学把握乡村的差异性和发展走势分化特征，在做好顶层设计、规划先行的基础上，因地制宜、分类施策、典型引路。科学把握乡村的多样性、差异性和发展走势分化特征，注重地域特色，充分挖掘具有农耕特质、民族特色的乡土文化遗产，针对精品村、历史文化村、生态脆弱村、集体经济薄弱村、城中村等的不同村情，因村制宜，精准施策，不盲目机械地搞"一刀切""一锅煮"，不搞大拆大建，不搞形式主义，力求形成各美其美、美美与共的建设格局。在用好改革试验区、各类试点等平台的基础上，选点布局实施乡村振兴战略试验示范，先行开展创新、取得突破，在试点试验中探索经验。认真总结推广各地涌现的可看可学可推广好典型，发挥其示范引路和辐射带动作用，努力形成"一花开后百花香"的可喜局面。

（三）健全有效的督查考核机制

没有督查就没有落实，没有督查就没有深化。督查考核是推动工作任务高效落实、确保乡村振兴各项目标如期实现的重要保证。建立定期报告制度，下级党委、政府要定期向上级党委、政府报告进展情况，各级乡村振兴领导小组成员单位要定期向领导小组报告进展情况，及时协调解决工作推进中的问题，确保决策部署落实到位。对涉及的重点工作和重要文件、重要会议议定事项落实情况，按照工作需要开展不定期督查，列出整改的问题清单、措施清单、责任清单，明确时限、对号整改。按照乡村振兴的基本要求，结合各地实际，建立市县党政领导班子和领导干部推进乡村振兴战略的实绩考核制度，并将考核结果作为选拔任用领导干部的重要依据。

（四）营造共建共享的良好氛围

乡村振兴，是一项凝聚各方力量、同心同向发力的世纪伟业。按照人人参与、共建共享的要求，集聚各方优势，整合各方资源，动员各方力量，形成乡村振兴的强大合力。在借智借脑上，与高等院校和科研机构建立战略合作关系，聘请专家组建顾问团队，力求在方案制订、工作指导等方面得到一流大学、专业机构和顶尖专家的支持。在聚力共建上，积极谋划单位驻村、企业联村、乡贤帮村等系列帮扶计划，引导社会各方踊跃参与、出钱出力。在氛围营造上，广泛开展乡村振兴大调研大讨论活动，组建有关领导参加的"乡村振兴工作交流群"，开设各地乡村振兴公众号，加大电视、报纸、网络等媒介宣传力度，努力形成战略大思考、建设大布局、工作大推进的良好态势。

三、配套的制度体系

实施乡村振兴战略，必须把制度建设贯穿其中。牢牢抓住制度创新和制度供给这一关键，加强顶层设计和改革落地，加快健全乡村振兴相关的规划体系、指标体系和政策体系，以强有力的体制保障推进乡村振兴不跑偏、不越线、不停滞。

（一）编制专项规划

要编制推进乡村振兴的专项规划或方案，形成系统衔接、城乡融合、多规合一的规划体系，推动多规融合在村一级落地实施。编制规划或方案，应对乡村资源要素的配置、土地开发利用、耕地保护以及经济、生态、社会的发展，有全面、系统的考虑，明确近期和远期发展目标，为乡村各项事业的发展打下基础。编制规划不仅仅是村庄的整体规划，还应该配套出台建设用地规划、住宅建设规划、道路交通规划、生态景观规划等,实现多规协调、相互融合。规划与设计应符合当地自然条件、历史文化传统、经济社会发展水平、产业特点等,房屋建设要与公共设施、基础设施实现有机衔接,创造既符合现代人生活需求,又具有地方风貌特色的物质空间建构和乡村人居环境。

(二) 加强绩效评价

编制科学的指标体系,是反映乡村振兴进程的有效方式。按照明确任务、反映绩效、督促工作的定位,重点围绕深化农村改革、创造美好生活、发展现代农业、提升美丽乡村、推进文化兴盛、建设善治乡村和加强党的领导等方面,编制实施乡村振兴战略重点工作评价指标,定期汇总指标数据,动态反映进展情况,让各级各部门明白要抓什么、抓得怎么样、处在哪个位置,形成"比学赶帮超"的良好氛围。在此基础上,建立以人民为中心、以质量效益为核心的乡村振兴战略评价体系,每年进行评价,准确反映区域乡村振兴水平,激励先进,鞭策落后。工作指标和评价指标体系建立后,可通过第三方机构进行绩效评价,科学准确地反映乡村振兴战略实施情况。

(三) 完善政策配套

21世纪以来,"三农"政策体系基本成熟稳定。国家层面,根据新时代"三农"工作新形势、新任务、新要求,正在研究制定中国共产党农村工作条例,这是新时期构建乡村振兴政策体系的总纲。顺应农民群众的所需所盼所求,及时制订各地的行动计划和实施方案,配套制定一批含金量高、操作性强的支持现代农业发展、美丽乡村建设、农民创业就业增收、农村民生改善、基层治理创新等的政策,加快形成支撑实施乡村振兴战略的政策体系,利用政策红利形成的"洼地"汇聚推动乡村振兴的力量。

四、优先的保障体系

长期以来,各种要素单向由农村流入城市,造成农村严重"失血""贫血",成为发展短板。实施乡村振兴战略,必须抓住钱、地、人等关键环节,把农业农村优先发展原则体现在各个方面,在干部配备上优先考虑,在要素配置上优先满足,在资金投入上优先保障,在公共服务上优先安排,破除体制机制弊端,推动城乡要素自由流动、平等交换,为实施乡村振兴战略提供强大支撑。

(一) 解决好"钱从哪里来"问题

"兵马未动,粮草先行。"实施乡村振兴战略,要健全投入保障制度,创新投融资机制,加快形成财政优先保障、金融重点倾斜、社会积极参与的多元投入格局,确保投入力度不断增强、总量持续增加。把农业农村作为财政优先保障领域,确保公共财政更大力度向"三农"倾斜,确保财政投入与乡村振兴目标任务相适应。加快建立涉农资金统筹整合长效机制,优化财政供给结构,完善涉农资金统筹长效机制,支持有条件的地方设立乡村振兴基金。发挥财政资金"四两拨千斤"的作用,通过全国农业信贷担保体系,加快设立国家融资担保基金,支持地方政府发行一般债券用于支持乡村振兴。调整完善土地出让收入使用范围,进一步提高农业农村投入比例。改进耕地占补平衡管理办法,建立高标准农田建设等新增耕地指标和城乡建设用地增减挂钩节余指标跨省域调剂机制,将所得收益通过支出预算全部用于巩固脱贫攻坚成果和支持实施乡村振兴战略。推广一事一议、以奖代补等方式,鼓励农民对直接受益的乡村基础设施建设投工投劳,让农民更多地参与建设管护。健全适合农业农村特点的农村金融体系,推动农村金融机构回归本源,把更多金融资源配置到农村经济社会发展的重点领域和薄弱环节。强化金融服务方式创新,提高金融服务乡村振兴的能力和水平,更好地满足乡村振兴的多样化金融需求。

(二)解决好"地从哪里来"问题

以处理好农民与土地的关系为主线,推进体制机制创新,让农村的资源要素活起来,让广大农民的积极性、创造性迸发出来,让全社会的支农、助农、兴农力量汇聚起来,为乡村振兴添活力、强动力、增后劲。完善农村承包地"三权"分置制度,在依法保护集体土地所有权和农户承包权的前提下,平等保护经营权。加大乡村振兴用地保障,在符合土地利用总体规划的前提下,允许县级政府通过村土地利用规划,调整优化村庄用地布局,有效利用农村零星分散的存量建设用地;允许预留部分规划建设用地指标用于单独选址的农业设施和休闲旅游设施等建设。对利用收储农村闲置建设用地发展农村新产业、新业态的,给予新增建设用地指标奖励。完善农民闲置宅基地和闲置农房政策,探索宅基地所有权、资格权、使用权"三权"分置,在落实宅基地集体所有权、保障宅基地农户资格权和农民房屋财产权的前提下,适度放活宅基地和农民房屋使用权。

(三)解决好"人从哪里来"问题

人才是乡村振兴的第一资源。把培育本土人才与引进外来人才相结合,打好"乡情牌",念好"引才经",构建支持引导社会各方面人才参与乡村振兴的政策体系,打通促进人才向农村、向基层一线流动的通道,聚天下人才而用之。大力培育新型职业农民,全面建立职业农民制度,鼓励开展职业农民职称评定试点,引导符合条件的新型职业农民参加城镇职工养老、医疗等社会保障制度。建立专业人才、科技人才参与乡村振兴机制，完善县域专业人才统筹使用制度，建立高等院校、科研院所等事业单位的专业技术人员到乡村和企业挂职、兼职和离岗创新创业制度。以乡情为纽带，吸引企业家、党政干部、专家学者、医生、教师、规划师、建筑师、律师以及技能人才等服务乡村振兴事业。

第二章 乡村振兴战略下的治理理念与思维

第一节 乡村振兴战略背景下的治理新理念——自治

自治是在一定区域内的人们通过自我管理的方式来处理自己的事务。乡村发展的主体一直是农民，也只能是农民，一切的努力和心血最终都得以人民为载体，人民进步了，乡村才能发展，人民不好过，乡村治理也就成了烟雾弹，浮在表面。经过数十载的艰苦奋斗，我国的村民自治已初见成效，但这还远远不够，时代在马不停蹄地前进，每分每秒都在不断地刷新生活标准和各类需求，让乡村自治有了新的标杆，面对着全新的挑战，我们必须永葆激情和耐性，昂首阔步往前走，才能开启乡村治理的新篇章。

一、乡村自治展现新气象

你一个思想，我一个思想，他一个思想，汇聚起来就有无数种思想。集思广益，广开言路，让大家能够积极、主动地参与到村民自治中，情真意切地将自己内心真实的声音和想法表达出来，这便造就了我国乡村治理的独特个性。村民自治的全面推行，一方面给了百姓们最大的尊重，满足了大家精神文化上的需求，能够让自身的勤劳和智慧发挥出效力，实现自己的价值，促进自身的全面发展；一方面也为我国基层民主政治的建设增添了活力，给乡村振兴的推行和最终实现提供了坚实的政治后盾，让我国的乡村呈现祥和、美好、富裕的新气象。

（一）全面发挥村民主动性

社会发展日新月异，只有众人拾柴才能发挥无穷无尽的力量，让我们走得更稳、走得更远。村民自治程度的高低与乡村治理的效果优劣是有着巨大关联性的，想要将乡村治理的效果最大化，就必须全面提升村民自治的程度与水平，拉近干部与村民们的距离，更好打开村民们实现民主与自由的大门。

1. 实现与人民群众的密切联系

全面推进村民自治,坚定不移地走群众路线,将有效地增进百姓和基层领导干部的情谊。这对于乡间社会环境的和谐、稳定,乡村发展的平稳、高速是十分有利的。

(1) 选出为民的好干部

村民自治把基层组织领导干部的选择权下放给民众,让最了解村民干部的人来进行抉择,能够有效地促进村委会成员选取的公平与合理性,让那些真正为民服务又有真本事的人才不被埋没,能够登上乡村舞台为百姓们争发展、谋福利。

(2) 基层领导和村民良性互动

选择百姓们知根知底的村干部,对于他们之间实现良好的互动是有益的。两者间没有什么障碍,能够自如平等地沟通,一方面百姓们可以如实地吐露心声,将问题、难处以及意见和想法说出来;一方面村干部们也可以及时地掌握村里的实况,合理地采纳有效的群众意见,促进了两者间的和谐发展。

(3) 营造良好的乡间环境

村民们与基层领导干部们一同为了实现高度的自治而努力,有事就说事,把事解决好,无事就一同谋发展,邻里间团结友爱,互帮互助,让乡间的氛围变得和谐、美好,保障乡村治理体系的平稳运行。

2. 将民主深入人心

民主只有深入人心才能够创造持久永恒的动力,激发百姓们在精神和行为上的热情,都能够高度自觉、积极主动地参与到村民自治中来,让乡村治理之路更加平坦。

(1) 民主意识提高

村民自治的全面推行,形成一股强大的动力将乡间百姓们拉入乡村事务的处理中心,让他们自觉地参政议政,接受法治的洗礼,感受到民主的精神和魅力,从而不断强化自身的民主意识。

(2) 激发政治热情

随着村民自治的大力推行,自治的成果慢慢突显,村民们感受到自治的好处,受到启发,政治热情不断地高涨,吸引更多人参与进来。

(3) 养成良好的民主习惯

人都是会学习的高等动物,在本村事务的参与中,能够自主地接受民主与法治的不断熏陶,慢慢养成民主的好习惯,逐步把这种习惯的力量遍布到乡间大地上,让乡村的风气充满着民主与法治的味道。

(二) 稳扎乡村振兴的政治基石

战略更新了，要求也随之变动。乡村振兴战略的推行必须以稳扎的政治基石为助攻。我国建设现代化的征程中，在党和人民的共同努力下开创了一种治理乡村独特的新方式——村民自治。村民自治的发展是个不断上升的过程，转变了农村治理的模式，促进了社会主义民主的构建，切实保障了人民群众的利益，给我国乡村振兴战略的推行铺平了道路。

1. 开启村民治理之程

村民自治开创了村民治理的先河，将广大人民群众拉入到村务管理的中心地带，开启了乡村民众的治理的旅程，让每一个村的农民们都能够各尽其言、各得其所。

（1）觉醒参与村务的意识

随着村务活动的成熟开展，以及自治水平和效果的提升，村民们会逐渐意识到参政议政的重要性，深刻认识到每一个人都是有用之才，每一个人都可以为社会主义建设奉献自己的才智。

长此以往，大家参与村务的意识慢慢觉醒，所有人都自觉地承担起个人应尽的责任与义务，更加积极、主动地投身于村务活动中，为村务的开展建言献策，将村民自治推向高潮。

（2）丰富民主的渠道

乡村村务活动的开展，拓宽了村民们学习、领会民主与法治的渠道，给广阔的乡村增添了浓厚的民主色彩，将民主拉入广阔的乡间，让农村百姓与民主的关系更加融洽。

（3）打通间接与直接民主之桥

村民自治的全面推行，打通了我国间接民主与直接民主连接之桥，让两者相互取长补短、互相促进、共同发展，实现了完美的融合，促进了共赢。同时也让乡间百姓们的民主自由得到了保证，稳定了党的执政之基，改善了我国的民主政治体制，是我国在政治建设过程中实行的一项独特举措。

2. 创新乡村治理面貌

村民自治广泛、全面、深入地推行，让乡村治理呈现出勃勃生机，日渐展现出新的面貌，给广阔的乡间大地增添了丰富的色彩，使乡村治理达到祥和、富裕的目标。

（1）基层整体素质提升

通过层层民主推选出来的基层领导干部们在个人能力、政治素养、法治涵养上都有一定的过人之处。在新时代，我们面临着更为复杂的形势和任务，基层干部必须不断提升自身整体素养，以更好地履行职责，服务人民群众。

（2）村务村政走上正轨

村民自治的全面推行也让村内政务渐渐走上正轨，加速本村民主化、规范化的自治步伐，有机地将村民委员会和党支部委员会连接起来，一齐致力于乡村的良好发展。

（3）提高决策的科学性

在村内政务处理的过程中纳入广大村民们的勤劳和智慧，能够有效地提高村委决策的科学性与合理性，减少决策的误差和错误，提高办事效率，节省办事成本，让乡村机制平稳地运转。

3. 实现农民当家做主

当家做主最为基础的权利就是拥有家事的决定与处置权，能够在家事中自如地表达自己的意见和看法。只有将乡村政务的治理权下放到每一个村民们手中，让百姓们清楚地意识到自己所处的地位和所扮演的角色，才可以放心大胆地发表内心的声音。

（1）体现农民的主体地位

村民自治这一制度很好地迎合了我国乡村治理现状的需求，是一种科学、合理、高效的治理方式，很好地保障了广大乡村百姓们正当的权益，将农民当家做主主体地位的实现落到实处。

①在良好的农村氛围中促进农村社会的稳定；

②有效地提高了乡村治理的水平和质量；

③有益于集体经济的发展，让农民们过上美好生活。

（2）营造良好的乡村风俗

村民自治的过程中需要村民们不断优化个人的思想、行为和能力，促进个人的完美成长，每一个人都文明、讲理、与人为善，在乡村营造一种幸福、美满、轻松的优秀风俗，让乡村发展之路能够健康延伸，为实现新时代我国社会主义强国的新发展锦上添花。

（三）促进基层民主政治建设与时俱进

新的时代承前启后，继往开来，推陈出新，延续了过往美好、优良的传统，开启了我国社会主义建设的新征程。而农村基层民主政治制度是我国特色政治制度中非常关键的一环，要保证好发展节奏，跟上时代的潮流，日益丰满自身的羽翼。村民自治程度的高度实现，毋庸置疑，是推动基层民主政治建设的最佳途径。

1. 给法治助力

自治和法治是一对好伙伴，两者之间休戚相关，保持着互相依存、共同繁荣的深厚情谊。

（1）为法治的成长"堆肥"

在乡村全面、大力推行村民自治的过程中其实也同步在为乡村法治的成长"堆肥"，将村民们拉入乡村政务的中心地带，接受民主与法治的熏陶，在日积月累中激发他们的法治意识，养成良好的法治思维，促进农民们的全面发展，更好地适应新时代的新要求。

（2）为安定民心助力

人会有各种各样的需求，这是非常自然且正常的，而且随着各项条件的好转，大家对于参政议政的权利会更加渴望，想要让自己的声音被更多的人听到，想要实现自身的既有价值。

村民自治便很好地满足了乡间百姓们的对于民主的渴望。在村政务的活动中让大家渴望的心安定下来，维护乡间社会的和谐与稳定，在村民自治体系的成熟与发展中，逐步加深大家的法治意识，促进大家的成长。

2. 加深民主程度

人民是民主实现的主体，只有大家都广泛参与其中，民主的实现才算有了动力。而民主自治制度的全面推行为乡间百姓们铺平了道路，带领大家走向民主之路，将民主的程度不断加深。

（1）农民民主意识加强

在乡村政务活动的参与过程中，村民们的民主意识被挖掘出来，随着自治程度的推进，民主意识也逐渐加深，大家的参政议政热情空前高涨，参与民主的意愿和能力大大提升。

（2）农村民主呈现新面貌

乡村自治的水平和质量日渐趋于成熟与完善，让乡村的治理效果更加明显，乡村民主得到全面的发展，展现出勃勃生机，呈现全新的民主面貌。

（3）扩大民主辐射圈

村民自治的成效日益显著，周边地区、上级政府机关等机构从中汲取丰富的营养和经验教训，有效地扩大民主辐射的范围，实现了村与村、村与周边、村与上级的良性互动，加速了整体的民主化进程。

3. 给影响力以保障

村民自治的完美实现，一方面坚定了乡间百姓们的社会主义信念，让大家充分地体会到民主与法治的精神魅力，感受到社会主义制度的优越性，更加相信党，拥护党，维护党，紧跟党，共同推进我国的全面发展；另一方面也有效地提升了我国的国际地位，让各国人民加深对我国的理解和认识，感受到村民自治的强大精神和魅力，深刻体会到我国坚定不移地走群众路线，走社会主义道路的决心和信念。

二、有的放矢，自治为基

"思想的巨人满地开花，行动的矮子遍地都是"，这才是乡村治理中最为可怕的局面。虽说行成于思，但想得太多或者想得太少都是不对的，想得太多而不去做，全部都是空想，想得太少，没有把问题想全面、想透彻一切就都浮于表面也是徒劳的。乡村治理是一个复杂且漫长的过程，其中存在的问题多如牛毛且形式各异，需要花费一定的时间和心血才能逐一攻克。只有树立崇高的信仰，坚定不移地走下去，才能最终赢得乡村治理的胜利，带领广大乡村居民走上美好、和谐、幸福之路。

乡村的治理过程中要坚持把各项权力交给广大农民群众，以实现乡村"自治为基"，充分激发乡间百姓们的主观能动性，大家万众一心，共同为了自身美好幸福生活而努力。

（一）改良村民自治机制

万事万物的发展都遵循着一定的规律，每个事物都有着自己的内在规则，顺着规则而行可以省时省力，逆着规则而行很可能功倍事半。可见规律、规则的重要性，乡村治理也不例外，需要挖掘内在的规则，遵循一定的规律行事，我们把寻求这个的过程称之为构建村民自治机制之路。

1. 完善村两委班子选举制度

乡村旗帜由村支部和村委会共同树立，基层组织领导的能力和风范就是乡村的形象代表，所以人员的挑选非常重要，只有完善的选举制度才能让有才能的人员脱颖而出，让平庸者远离中心地带。

在乡村中广泛搜集各类人员的具体信息，组建一些优秀的团队，成立非正式的组织，让他们在发言建议权上与党员小组、村民代表、原领导班子、各队队长副队长平等，在选举前与这些团体一一沟通协商，再召开村民大会把合适的候选人推举出来，让村民们去评判选择。

2. 组建全方位协商格局

协商民主是顺应时代潮流，满足民心民意的一项伟大制度，让我国的发展步伐更加平和、稳重。

乡村治理的过程中要着重让百姓们发出内心真实的声音，把问题和难处实实在在地讲出来，不因任何自身的胆怯或外在威胁而藏着掖着，让乡村振兴与发展真正做到全面推进。在乡村自治中，积极走入各村各队，组建各种小团体、小会议，定期开展交流和沟通活动，在村民间逐步建立起信任机制，让大家逐一打开心扉畅所欲言，协商解决问题。

3. 让村务透明化，设立监督委员会

乡村的政务和人员都应该放在阳光之下，力求公开、透明化，设立监督委员会，监督好乡村的所有事项和人员，让百姓们幸福无忧。

监督委员会的产生应听取广大村民们的意见，由通过村民大会选举的人员构建而成。监督委员会有权力监督村内的一切事物和人员，监督乡村各个机构是否积极响应国家政策，是否全心全意地将工作和任务有条不紊地完成；也要监督好乡村财务各项收支往来，让集体财富不缩水，不蒸发；还要定期收集农民们的意见和想法，促进自身工作的准确性、全面性，发挥好监督的作用，让乡村平稳地运转下去。

4. 发挥自治试点优势

我国的村庄数量庞大，且每个村庄有每个村庄的特性，所以乡村村民自治不能笼统、粗略地推行千篇一律的模式，要以村、村中队为基本单位进行试点开展，充分发挥自治试点的优势。

将每个村、每个队的成员们都纳入到村民自治的核心地带，让大家积极、主动地肩负起自身的使命、责任与义务，在乡村各项活动中，畅所欲言，轻松、舒适地行动。这种形式也更好地集结了百姓们的力量，让大家的权益得到了更好的保障。

（二）优化基层管理体制

优秀、成熟的团队必定拥有完备的管理机制，否则难以保证运行的效率和成果，村民自治的推进也是如此，只有将管理机制不断优化，丰富其内容，形式多样化，才能将自治的效果最大化。

1. 打造流畅的便民服务系统

乡村百姓们做事情，习惯了直来直去，不太适应机构内的规矩，也难以把握好各个机构的内在流程和规则，所以他们一直认为办事太难了，不是跑错了，就是跑累了，不仅耽误时间延误事情，也搞得一家子心力交瘁。要解决这些问题还是得从根源处着重发力，一是以村为单位将各种知识规则普及给百姓们了解熟悉，二是打造一套流畅的便民服务系统，将流程简化，提高人员职业的专业化程度，给百姓们提供"一站式"的服务，"一门式"的办结，不要再拿着资料、拖家带口地漫天问、到处跑。

2. 拓宽农村社会组织职能

农村社会组织就像是一个缓冲地带，我们要大力拓宽其职能，把它打造成一个集社会服务、爱心公益、互帮互助为一体的综合性组织。

充分地发挥其效力和作用，让它大力弱化政府与人民之间的矛盾，拉近两者的距离，使人们更具社会属性，极力散发出内心的美好善意；对乡间百姓们展现出更大的善意、柔情和关怀，将人们有机地串联在一块，大家各司其职、各尽其力，共创美好的生活。

3. 将农村管理组织体系科学化

乡村的和谐发展依靠的是科学、合理、高效的管理体系为支撑，在不同的时期，对管理体系的要求是变动着的，管理体系只有不断地更新、完善才能更好地适应社会潮流，更好地为百姓们服务。

（1）调整机构

乡村的各个机构在乡村自治的过程中是领头羊，起辅助和引领作用，每位成员是人民的公仆。对各项制度不能僭越、跨线，应当始终保持清醒的意识，不强势当主人，保证一切的主体仍然是广大人民群众。

（2）规范职能

各个机构的职能应当用清楚明确的条文来规范，力求泾渭分明，违责必究。分清责任和范围，以免造成责任的推卸和开脱等不良现象的发生。

①村支部：站在一定的高度，把握好发展的方向和前进的路线，谋划乡村振兴战略规划；

②村委会：成为村民们的大管家，处理好具体的事宜，推动乡村振兴战略实施；

③农村集体经济组织：因地制宜合理地利用资源，发展好乡村经济；

④农村社区服务中心：将各项公共服务的工作开展好，服务乡村振兴战略，为百姓们办好事。

（3）提高服务

乡村管理组织服务的提升，一看效率，二看态度，效率快、态度好，将百姓们的事情准确、快速、高效地解决好，让百姓们满意、舒适、高兴才是硬道理，搞些花里胡哨的名堂，使百姓们摸不着头脑，为难他们，让他们到处跑，就是不对的、无效的服务。

4. 优化基层管理资金的收支配置

一切的发展几乎都离不开财力的支撑，农村管理体制的优化也是如此，若资金拮据则可能会让管理体制的优化陷入困境。

农村管理体制向城镇化的推进过程中会衍生出一系列的问题，这些问题的解决都得依靠资金支持，没有钱将寸步难行。各项公共基础设施的建立、各项公共职能的开支、各个公用事业的人员花费等经费，都不是小数目，需要巨额的财富才能够维持平稳地运行。要想永葆乡村发展的活力，推动乡村振兴战略实施，就必须结合起政府、市场和农村自身的特性，将三者的力量有机地统一，发挥更大的效力和作用，给乡村的发展输入源源不断的生命力。

（1）政府以宏观调控为主

政府的财力和资源是有一定限度的，不能单方面地全部用来支撑农业的发展。农村的发展全部指望政府是行不通的，政府的职能不仅仅在于农村，还要顾及整体的发展，保障大机器平稳地运行，关键部位才能发挥有效作用，政府对农村的发展应以宏观调控为主，将效用最大化。

①放权于市场和农村，站在一定的高度适当调整，而不是统揽所有事务；

②转变资金投入方式，提高效用，不要一股脑全部投入，减少资金的浪费；

③制定一系列的惠民政策，减轻农民的负担；

④给社会力量一定的益处，吸引社会力量的投入；

⑤创新公共管理的模式和方法，发挥市场和农村的独特优势。

（2）发挥市场的主导作用

市场中有一个无形的手，也就是价值规律，它可以让市场资源的配置更加科学合理，促进分配的公平与效益。

①大力招揽社会人力、财力资源对乡村的无偿扶持；

②号召、邀请社会企业参与到农村基础设施建设中来，增添乡村的活力；

③建立优秀行业、企业定点帮扶乡村机制，从中招人，或直接建农村工作室；

（3）大力挖掘农村自身潜力

①乡村中闲置资源和劳动力可以分配到合适的位置，让大家都有事可做；

②乡村的优势资源要利用起来，发展特色产业，提升竞争力；

③乡村中外出的优秀人才，可以说服他们回乡，为家乡的发展助力；

④支持乡村人民创业、就业，给他们提供指导意见和渠道。

乡村的发展不是单打独斗的个人英雄主义，而是团结合作、一齐发力的共同致富之路，除政府、乡村本身外，社会各企业、各人士也应当贡献自己的一份力量，为全国人民的美好明天而努力。

（三）夯实乡村治理财力基础

正所谓，磨刀不误砍柴工，大力发展农村的集体经济，为乡村后续的稳定发展，打造一个丰厚的财力基础，是非常有必要的。乡村集体经济的发展对于乡村的未来是十分有益的，能够为发展铺平道路，为乡村的未来提供更好的愿景。但集体经济的发展一定要跟紧时代的节奏和步伐，不能故步自封，要不断创新、不断进步。

1. 完善集体经济制度

乡村集体经济的长远发展，必须有明确的方向和路线，才能少走弯路，持续往前进；还必须有完善的制度作为保障，才能永葆活力，不掉链子。这些都依赖于完善的经济发展制度，制度完善了方向和活力才有保障。

（1）把握集体经济的方向

①组建好集体经济的管理团队和专家小组，为经济的发展建言献策，随时发现问题随时解决问题，保障好方向的准确性；

②研发一套切实可行、科学严谨的经济发展评判机制，及时进行集体经济的自我评估和道路改正；

③用强制性的法律条令保障好集体经济发展各项合理的规章制度。

（2）加大政策的扶持力度

①强化惠农政策的推行，将优惠落到实处；

②对于前景光明的经济项目给予一定资金扶持，如拨款、降税、免息等；

③对于乡村龙头产业的发展可以投入一定的人才资源和信贷优惠。

乡村集体经济制度的完善，是乡村经济发展的保障，也是乡村自治实现的基础。只有经济发展了，乡村的各项实力才能稳步提升；只有经济发展了，百姓们才有闲暇时间来关注思想和行为上的更高追求；只有经济发展了，大家才能富起来，热情满满地参与到政治生活中，自觉履行自己的责任和义务。

2. 创新形式，善于扬长避短

我国的乡村千千万万，大方面大同小异，小方面各具特色，所以乡村的发展不能一概而论，要创新发展形式，善于扬长避短，让资源的效用最大化。

（1）全面考察乡村实况，挖掘特色化产业

①结合乡村的背景和地理人文优势发展特色化产业；

②制定完备的发展规划，详细考量各项因素；

③处理好乡村发展的短板，建立应急启动方案。

（2）注意瞬息万变的市场

①把握好市场的供需变化，既要保证好供应，也要防止过度囤货；

②顺应时代的潮流，利用好媒体和互联网资源将乡村特色推广出去；

③积极创新、努力探索、大力引入，灵活地变动发展模式和发展方向，定期将各项资源整合，力求发挥出更大的效用。

乡村的发展同样不可以一成不变，要求发展就得不断地寻求变化，在动态的变化中摸索，在摸索中找到规律，顺应规律稳步前行。

3. 建立激励政策，创新发展活力

农村集体经济的健康发展，还必须匹配上良好的激励政策，给予他们精神和物质上实实在在的益处，以此调动工作者的激情，发挥他们的潜能优势，在经济的发展中萌生出源源不断的活力。

（1）领导干部们工作质量和奖金挂钩

农村集体经济的发展与乡村领导干部的重视程度也有着莫大的关系，通常集体经济运转优良的村庄很大程度上都离不开村干部们的功劳，而一些集体经济比较落后的村庄，也可能在很大程度上归咎于村领导干部的无作为。因此，可以把村领导干部们的工作质量与福利待遇、奖金相挂钩，对于做得好的给予奖励和赞美。

（2）充分发挥乡贤能人的作用

在乡村中通常会存在一些德高望重的人物，他们说的话有效力，很多人听取；他们做的事也有感染力，很容易就得到大家的拥护。在乡村的发展中我们可以运用好这股力量，来化解发展中的矛盾，让他们当领路人，说服广大人民群众，大家有力的出力，有资源的出资源，一同配合好乡村的长远发展。

4. 广泛招揽外来资源的助力

在乡村的发展过程中还可以借助外力的扶持，广泛地招揽外界各种资源下乡，为乡村的发展添油加气，让乡村经济的发展稳稳前行。

外部资源具备着很多的优势能够弥补本地发展中的短板和不足，丰富本村的产业结构，丰满行业企业，完善乡村基础设施的构建，让乡村的发展更具活力，展现顽强的生命力。所以营造良好的民风民俗，保护好乡村的优势环境资源，让乡村更具吸引力，需要具有招揽更多外部力量的眼光。

(四) 发挥乡规民约的作用

乡规民约是一种由民众集体制定的社会公约，不具备法律效力，执行与否全靠百姓们自觉性的高低。但它在民间的力量同样不可小觑，它集合了一代又一代农村人民的智慧，普遍被大家所接受和推崇，能够有效地指引百姓们向善，让大家更好地参与到新时代的各项建设活动中来，因此我们要制订好乡规民约，为农村的发展推波助澜。

1. 规范乡规民约建设程序

乡规民约也应当跟上时代的步伐，不断完善、改变，在变化中力求向前发展。这就要求其建设人员专业可靠，其实施能够得到大家的积极配合和主动遵守，大家用规范的言行举止来书写乡规民约的各项条款。

（1）组建乡规民约领导小组

①在乡村中挑选一些有威望又有文化的人员，组建一个乡规民约领导团队；

②将乡规民约的制订权限全权交给民众，发挥领导团队的带头作用；

③领导团队定期开展会议收集百姓们的意见，及时修订调整乡规民约；

④领导小组们也要不定期地开展会议不断地赋予乡规民约以新的活力。

在乡规民约的建立过程中，既要寻找优秀的领头羊，保障好乡规民约的质量和效力，也要把握好民心所向，广泛地收集农民们的意见和看法，让乡规民约的建设更加科学、合理。

（2）鼓励大家互相监督

乡规民约不是法律，没有强制执行的效力，但村民们可以相互监督，遇到不合时宜的行为和意图，可以好言相劝，热心提醒，先从自我做起，再影响家人和朋友，一步步扩大范围，让所有人的行为逐步向着乡规民约靠拢。

2. 扩大乡规民约的影响力

只有无处不在的乡规民约才能具备更加深远、强大的影响力，让村民们不仅要知道乡规民约，还得理解乡规民约的实质和内涵，明白乡规民约的重要性和价值所在，这样才能自觉遵守，主动执行。

（1）将乡规民约具体规范化

乡规民约不应当只停留在口头上，还要具体规范化，用白纸黑字的条文罗列陈述，让大家有规可依，有据可查，让乡规民约更加严谨、科学，用规范的形式，推动效力的强有力发挥。

(2) 积极宣传，大力教育

乡规民约影响力的提升关键在于宣传和教育，我们要用轻松、简明、通俗的方式把其具体内容清晰、明确地呈现给百姓们看，如开展乡规民约宣传教育会议、创立乡规民约推广学习活动、表彰在遵守乡规民约方面表现优秀人员等，让大家切身地感受到乡规民约的精神和魅力。

3. 健全乡规民约实施保障机制

乡规民约能否对村民们起到强有力的约束，和行之有效的作用，关键点有二：一是看村领导干部是否重视，二是看村民们配合度的高低，只有村干部们把乡规民约放在心中、落在实处，才能减少乡规民约推行的阻力，只有百姓们自觉遵守乡规民约，主动监督自己及他人的行为规范，才能让乡规民约遍及全村，当村干部和百姓们齐心协力，一同作用于乡规民约的推广和执行中，乡规民约的效用才会更大化。

所以在乡规民约的实施中我们可以建立起一套优良的奖励和监督机制，对于一些表现良好的个人和家庭给予物质和精神上的奖励，对于那些表现欠缺的个人和家庭也可以适当地进行教育批评，让大家的言行举止和意识一点点进步成长。

第二节　乡村振兴战略背景下的治理新思维——法治

乡村治理的完美实现，应以法治为基。而法治的发展和完善需要依靠干部与群众的齐心协力才能更好地实现。干部恪守本职，群众积极主动地参与到村民事务中来，才能促动法治之弦，带动乡村法律体系的优化和完备，才能让我国的政治文明上升到更高级别层次，成为更好的现代化法治国家。

一、以法护航

现今，我国社会主义的发展还在初级阶段，未来也将长久地处于这一阶段，因此农村的发展仍然非常关键。经过数十年的发展，农村基础设施和文化物质水平都有了显著的提高，但与城市的繁荣多彩相对比，农村的这点成绩就显得非常渺小。

乡村的治理现代化进程的推进必须以法治为基石，用法律来维护农民的合法权益，用法律来处理农民发展上的有关问题，从根本上破除乡村治理的缺陷，在农村构造一套完备的适合乡村发展的法治体系，用法的严明来保障乡村生活的稳定、平和，为乡村的高速发展保驾护航。

(一) 农村法治建设是维护农民合法权益的迫切需要

法律不仅能够维护社会稳定、和平，也能推动经济的快速稳步的发展，还能保障好公民的合规权益使其不受侵犯。若在乡村中法律落实不够到位，则势必会影响到农民的正常生活水平，抑制政治经济文化的发展速度与质量，阻碍乡村现代化的推动进程。

乡村治理的推进与强化离不开广大乡村人民的拥护，也更加离不开法治建设。法律的缺失或者不足，会造成村民们最基础的权益无法保障，这样的情况下，他们又如何确认乡村治理的可行性和有效性呢？

乡村治理过程中，绝对不能忽视维护合法权益环节，必须对农民的合法权益进行保护，大力推进农村法治的进程，构建一套强有力的农村法律体系，用法律之剑，镇住不法分子之躯，还百姓们以一片宁静，让乡间生活变得更加和谐、美好。

相信随着乡村治理的法治化推进，和越来越完备的法律体系的建立，在党和政府的不懈努力下，农民的合规权益一定能够得到很好的保障，农村的生活一定会变得更加美好。

(二) 农村法治建设是全面深化农村改革的重要保障

国家的全面发展离不开农村的脱贫致富，只有农村真正实现了富裕、繁荣，国家的综合实力才会拥有质的飞跃，我国才能更好地屹立于世界之中，推动全球各族人民的和平与发展，展现大国魅力和精神。

全面实现农村的深化改革，就必须利用好法律武器，用法律作为支柱，扫清妨碍农村进步发展的障碍。在乡村治理中，应用法治来打头阵，给予不法分子以威慑，让出道路，给各行各业优秀的产业、文化、人才得以发展，让乡村经济、文化协同发展，为百姓们创造一个更加美好的生活环境。

1. 顺应国家改革的新潮流

国家的改革与发展是一个无限上升的过程，没有最大值，永无止境，需要党、政府和人民的不懈努力与共同奋斗。

农村的改革发展是国家改革发展过程中非常重要的一个环节，不容被小觑。而推进农村法治的建设是顺应时代发展潮流之举，是响应国家、政府和党的号召，给农村全面深化改革以保证。

2. 扫除农村发展的障碍

全面实现农村的深化改革，推动农村现代化发展的新进程就必须解放农村的生产力，丰富农村生产力的发展。而农村生产力发展的首要目标是铲平发展中的障碍，改变农村生产关系，优化农村的上层建筑。

乡村部分的法治空缺对于改革的深化不但是阻力也是威胁，想要克服重重困难，消除农村的顽固保守思想形成的邪恶非法势力的干扰，就必须依靠强有力的法律武器来肃清道路，给农民发展创造一片蓝天。用科学、合理、有效的法治，来支撑农村格局的改变；用不断完善、全面、系统的法律体系来捍卫村民们的合法权益。

不管世界潮流如何演变，始终坚持走在改革的道路上，国家一直以来都十分重视改革的力量，坚信只有不断全面深化改革，才能使我国永葆青春与活力，让我国的综合实力和竞争力更加厚实、强硬，改革是实现祖国繁荣、昌盛、富强的不二选择。

改革的顺利推进需要法律的支撑，法律体系愈加完善，法律武器的威力便越加强大，保障改革之路又平又稳。只有在农村坚定不移地强化法治的力量，不断完善法律体制的系统化建设，才能奏响乡村治理的新乐章。

（三）农村法治建设是全面推进依法治国的重要组成

法的重要性不言而喻，对于政局的统一、经济文化社会的稳定与发展、百姓的各项权益等都有着无法替代的功用，千百年前我们的祖先早就已经言说，并在历史进程中不断地验证着。

法律体系的兴衰攸关国家的安危。完善、齐全、系统、科学、合理的法律体系是百姓们的福音，是人们美好、幸福、和谐生活的福祉，是社会经济文化稳步快速增长的可靠保障，是支撑国家长治久安的根基。

针对我国属于农业大国的实际状况，农村法治建设的根基稳不稳，实施是不是强而有效，直接关系着我国依法治国这一战略计划推行进度的快与慢。

1. 以法治乡，为依法治国提供法治基础

依法治国是当代我国政府势必要努力达成的一个重要战略目标，它牵动着全国各族人民的利益和福祉，是我国综合实力提升的显著标志。对于我国这样一个农业大国而言，完善农村的法治建设，就是依法治国实现的根基。

依法治国和乡村法治建设就像是海洋和河流的关系，只有河流充沛、富有养分，拥有良好的自净能力，才能往海洋里输入源源不断的活水，让海洋更具活力，更加宽阔。只有法治渗透到农村的方方面面，只有法律的权威规范着农村的点点滴滴，百姓们都守法、懂法，才能让农村的法治建设落到实处，给依法治国的实现提供良好的法治基础。

2. 以法治乡，补足依法治国的短板

当前在党和国家的大力扶持下，乡村的法治实施情况有了不小的转变，依法兴农、依法助农、依法惠农等法治之风盛行，并有了可喜的收获。

二、法治为本

乡村法治道路的建设并不平坦，是个漫长而曲折的过程，需要我们坚定信念，不断地付出努力和辛劳，在实践中慢慢攻坚克难，一步步成长，逐渐摆脱束缚，让法治走上平缓的康庄大道，使我国的乡村治理实现质的飞跃，干部带领着广大群众走上新的征程，让农民们呈现新时代的新面貌。

如何更好地响应党的号召，把乡村法治的推行落到实处，构成一套完整、系统的乡村治理体系，这是当前依法治村的关键。

（一）善用乡规民约，拓宽普法力量

我国农耕文明历史悠久，乡村土地广阔，形成了一个非常庞大的农村集体。与此同时，也可以看出我国农村治理的重要性和难度，在随着社会的发展中逐步增大，乡村治理的实现还需花费大量的心血和时间。

思想是行动之源，所以实现乡村治理的首要目标是破除农村人思维上的局限性，让法治的精神和魅力深深扎根于百姓的头脑和行为中。然后再逐步挖掘百姓们的潜能、培养好基层组织的法治素养，有机结合起乡规民约和国家制定的法律，让法治的主体和客体间的距离拉近，让法治的效用更加强大。

1. 激发农村居民的主人翁意识

基层领导组织是乡村治理的客体，是起辅助、带领作用的，他们最大的成就就是力求激发每一个农村居民的主人翁意识。让农村居民真正意识到自己在乡村治理中的重要性，把自身的发展和乡村的发展有机地联合起来，不单打独斗，也不闭门造车，而是融入集体之中，大家一同接受法的教育和洗礼，成为学法、懂法、守法的好公民，用法的威力来造福自己和家人。

普法的全面推行是势在必行的，只有这样才能让百姓们清楚明白自己的主人翁地位，意识到自己不仅有法可依，还可以利用法律的强大威力捍卫自身的、合法权利，同时也需要承担自身的义务，做一个有责任的公民。

（1）加大法的宣传教育

法治的顺利开展，离不开法律知识与精神的全面、详细、深入地宣传和教育，各基层组织、事业单位、社会企业家都应当肩负起这个重担，将法普及到人民群众间，点燃全民学法、懂法、守法之光。

①绘制法治展览墙、编制法治学习图册；

②策划法治宣传视频和节目、组建专业的法治宣传刊物和公众号；

③开展法治进校园活动、将法纳入学校教学大纲中、开设法律知识展览馆；

④开展法治下乡活动，定期邀请专家、法律学者给大家讲述法律知识，或者邀请演员们将法治知识串联成故事，演绎出来，供大家观赏学习，在娱乐中悄无声息地传递法治知识。

（2）注意法治推行的艺术

法治的推行也要注重一定的艺术性，贸然将各项法律知识和规章制度一股脑全部倾倒给农民们是行不通的，不仅起不到宣传法律的效果，那些冗长的文字还会使本就文化程度不太高的村民产生各种不解，甚至可能让有的人不愿意接受法、讨厌法。

①推行要循序渐进，由浅入深，持之以恒；

②全面详细地了解法的实质，注重法的实效性，将与百姓们有着切身利益的法传递下去；

③宣传法的内容和形式时要采用多种多样，丰富多彩的途径；

④注意表达语言和情态，语言浅显、简明，情态要情真意切、诚恳、平和。

法律知识的宣传和教育不是一朝一夕间可以完成的，基层组织要积极响应国家政策，逐步打开百姓们学习法律的大门，点燃他们心中的法律之光，让他们领略法的精神和魅力，用法的光芒改变自己的思想和行为，让生活在法的保护下更加精彩。

但不得不承认的是，时至今日全面深入地在农村进行普法的推行仍旧不简单，不是轻易可以实现的。仍需要党、政府的大力支持，需要各基层组织和广大人民群众的齐心协力，投入一定的时间、人员和财物成本，将法的理论知识和法的精神魅力传递到每个乡村、每户家庭、每个人身上，将法扎根于乡村，在乡间的土地上生根发芽，开出绚烂的花，结出丰硕的果。

2. 深化农民的法治思维

法治乡村的全面深度推行，第一步也是非常关键的一步就是先转变村民的思维观念，点燃他们心中法律的火种，将法律深耕于每个人的大脑中，帮助他们构建多元化立体的法治思维。

思维上的逐步法治化，再触发行为上的变动，长此以往一点点突破乡村的局限性，将法律的知识和精神遍布整个乡村。村民们养成良好的习惯，主动的学习法、深入理解法的内涵和外延、自如地运用法，将法这个工具的强大效用发挥到极致。

3. 强化基层组织的法治观念

依法治村中基层组织是榜样和旗帜，把握法的方向和力度，引领广大乡间百姓们不偏不倚、一齐朝着法治化的轨道往前进。所以基层组织的领导干部们责任与义务非常重大，必须保证好他们大方向上的正确性才能使法治沿着既定的路线走，不让百姓们偏航。

基层组织领导们的思想和行为代表着党和政府的形象，应是庄严、公平、公正的。要注意引导他们法治观念的健康、良好发展，加强他们在法律知识上的专业度、系统性和严密性，让他们的法律旗帜高高竖起。

（1）树立为民意识

于百姓而言基层组织领导是官，是一种高于自身的存在。而对于基层组织的领导们来说，想方设法地打破这种思维定式，拉近官与民的距离，直至消除两者间的身份地位界限，让乡村发展没有官与民的局限与束缚，能够有机地融合起来，则是非常重要的一项工作任务。

基层领导干部们只有树立为民的意识，一切思想和行为以农民们的安危和利益为出发点，才能尽职、尽责、全副身心都投入到工作中，对法律忠诚、对人民忠诚，不被权力蛊惑，不被权力折服。

（2）强化法律精神

法不是纸上谈兵，也不是空中楼阁，更不是自欺欺人、愚弄百姓的嘴上功夫，而应当真正落到实处。

基层组织的领导干部们要强化自身的法律精神，时刻谨记法的权威和力度，在法律的范围圈内行事、处事，保证好自己的一言一行不脱离法律的范畴，不浮于法律之上。

（3）保留法律底线

法律是有底线的，它神圣不可侵犯，不管是官还是民都不能够践踏，一旦谁挑战谁就将受到法律的制裁。

基层组织的领导干部们心中一定要保留住法律的底线，不要越界。在日常的村民事务的处理中不要徇私枉法、也不要贪污受贿、不搞关系之风、不行职务之便，不管你的工作业绩如何，只要违法就会功亏一篑，必定得接受法律的制裁和人民的批判。

基层组织的领导干部们是乡村治理的领路人，是十分关键、重要、不可忽视的存在，其法律的涵养在推进乡村法治的开展中有着举足轻重的地位，是必须大力提高、严格培养的。

法律的宣传教育不仅在于民间百姓，对于基层领导干部们也非常重要。只有全面详尽地将法传递下去，让他们严肃、认真学习，才能将法融会贯通。在工作和生活中严格遵守法的规定，履行法的义务，才能提升基层组织的法治涵养，为乡村输送一批又一批专业的、优质的领导力量。

4. 调动乡规民约的内在动能

乡规民约是民间在历史的积淀中逐渐形成的一种习惯，延续了中华民族优秀传统文化中的社会公德、美德、修养和待人接物的礼节，被广大人民群众所信服，可以说深得民心、广受推崇。它对于村民人的言行举止、生存生活也有着强大的影响力，是乡村发展的内在动能。

习惯对于农村百姓们的影响不可小觑。习惯直接来源于农村生活的社会性规范，具有广阔的群众基础，深得民心，能够被大家轻易地理解、自觉地顺从。它对于村民们的思想和行为有着强大的约束力，在稳定农村的局面中功不可没。因此，在乡村法治的推行中，也要运用好这股力量，让法治进行得更加顺畅。

（1）尊重习惯的效用

习惯虽源于乡村，但有着一定的科学性、合理性，对于农村生活的影响力是不可估量的，同样值得尊重，值得推崇，不能忽视。在不违背国家法律的前提下，要尽可能地调动其效用，让其发光发热。

（2）促进法律与乡村实际接轨

制定乡村的法律中应该注重素材的选取，应该全面、详细地考察农村的实际情况，取材于农村，与乡村的实际接轨，不要脱离百姓们的生活，而变得高不可攀，深不可测。

法律的价值和意义，不在于标榜千史，不在于体现官威，也不在于为难人民群众，而在于更好地保障人民群众的合法、正当的权利，让大家铭记于心外化于行，大家齐心协力共创美好未来。

法律的最高目标就是成为广大人民群众的一种信仰，大家能够由衷地拥护法的庄严、推崇法的效力、相信法的精神，善于运用法律武器来维护自身的正当权益，将法律遍布到生活的点点滴滴中。必须坚信只要坚持不懈地努力，加大法律宣传和教育的力度，先改变乡间百姓们的法治思维，再一步步使行为合法、合规化，充分调动百姓们的积极性和主动性，同时培养法治观念严明的基层领导组织，让乡村法律体系逐步建立起来，在不断的实践中改善、完备，让法治的推行更加深入。

(二) 提升经济实力,优化法治环境

经济基础决定上层建筑,只有经济发展了才能为政治文化的发展创造良好的条件,所以农村的全面、深化发展必须把经济实力的增长放在重要位置。

经济增长了,百姓们实现了温饱,慢慢吃得更好、更精致,口袋也逐步鼓起来,长此以往,他们的满足感和幸福感随之上涨,有了更多的时间和精力去谋求精神文化上的进步,这才是法治推进的最佳时机。所以要加大力度发展农村的经济,让经济实力的快速增长给农村法治建设以动力,优化乡村法治环境,让乡村法治体系更加完善。

1. 提高收入,加速农村法治建设步伐

乡村发展的过程中,最为直观的表现就是农民们的可支配收入变多了,他们的财物来源更加广泛,口袋鼓起来,不用担心饥一顿饱一顿,餐桌上也不仅仅是只有青菜、萝卜、红薯、白米饭,鸡鸭鱼肉都可以实现自由享用。每个乡村都有自身的优劣势,各基层组织们可以扬长避短,充分利用好本村的资源优势,大力发展经济,让百姓们能够脱离贫困,过上富裕的好生活。

(1) 提高村庄综合竞争力

每个独立的村庄都会有自己独特的文化和经济资源,存在着一定的优势和劣势,在发展过程中,我们要注意规避风险,克服乡村的各类短板,大力激发乡村的优势和特色性资源,走一条可持续发展的道路,发展自身的独特产业,让村庄综合竞争力得到持续的提高。

(2) 发展周边友好关系

基层组织们也可以多多发展与周边地区的友好关系,积极主动地向周边优秀的村庄学习,邀请他们来本村参观、指导,大家一起取经论道,在交流中共享经验和方法,力求为乡村的发展摸索出一条平坦之路,争取早日带领百姓们走出困境,拥抱美好、幸福的生活。

(3) 推进农村科学化发展

农村经济的发展,想要保持永久旺盛的生命力,就得紧跟时代的步伐,加速经济发展的科学化节奏,充分利用好各类资源,带动乡村经济的平稳、快速发展,让大家过上舒适美好的生活。具体方法如下。

①合理利用资源,绿色、环保、有机地生产,提高农业的转化率;

②引入高科技技术、人才和机器,节省时间成本,降低发展风险,增加产品的附加值;

③借助互联网平台和各类宣传媒介，将农产品推向更加广阔的市场，实现农业的创收。

（4）促进农村规模化发展

农村的土地虽然十分广阔，但组与组之间，家与家之间大家都占据在自己的一亩三分地上，没有形成规模化的集成效益。

基层组织们要打破这种固有的壁垒，让大家团结一致，合力发展经济才是王道，让本村的规模化经济先发展起来，再去寻求个人小家庭的利益。

综上可知，只有乡村的经济实力提升了，为百姓们提供坚实的物质基础，农民们的收入才能增多，口袋才会逐渐鼓起来。经济无虞，百姓们才有时间和心思积极地投身于法律知识的学习和实践活动中去，让法治成为常态。才会在维护自身的合规、合法、正当的权益时毫不犹豫地拿起法律的武器，而不用瞻前顾后、担惊受怕。

2. 农村发展，政府经济治理能力提高

政府经济治理能力的提高除了依靠国家的大力扶持和社会企业的责任与义务的承担，也离不开农村经济发展的所做贡献。而政府综合实力的大幅度提高，又反作用于农村，让乡村的发展有了保障。

（1）带动村落的良性循环

农村经济实力的进一步发展，不仅给百姓们带来了福音，也能够有效地提高政府的实力，丰富了政府的创收来源，扩大了基层组织的财政收入，解决政府的财务问题，增加政府的综合调控能力，能够合理利用资源扶持一些较为落后的村庄，带动村落的良性循环，走上共同发展之路。

（2）让依法治村更进一步

基层组织的财务问题解决了，乡村的法治基础建设有了保障，法治的队伍更加强大，法律的宣传渠道和路径更加广阔，百姓们能够轻松、直观、近距离地接触到法律专业人员和法律机构，在需要时就可以寻求法律的帮助。这样让法治在乡村能够更加顺利地开展，依法治村的实现又更近了一步。

农村经济实力的大幅度提升，于百姓和政府都是有益的，各基层组和各乡镇机构要把握好农村经济发展的方向和力量，不遗余力地推动农村产业经济的优化升级，让经济为法治建设提供坚实的后盾与不竭的动力。

(三) 巩固政治基础，强化权力监管

1. 健全村民自治制度

村民自治制度只有与时俱进，不断完善和健全，才能紧跟时代跳动的节奏和前进的步伐，为依法治村创造有利条件。

制度只有贴近于乡间百姓们的生活才能产生效力，所以要把制度高大上的光环去掉，把制度的知识和体系与民间主体有机地结合起来，打造一套完备的村民自治体系，让村民自治落到实处，真正地体现百姓们的内在心声，实现村民们的高度自治。

（1）全面宣传村民自治制度

不管村民自治制度多么完善，多么美好，基层组织领导干部和乡间百姓们了解不了，意识不到，一切都将是空话。所以必须全面地宣传村民自治的知识，把其重要性条分缕析地呈现在大家面前，让大家清楚、明白并付诸行动，在实践活动中积极主动，这样才有意义和价值。

①采用丰富多彩的形式和渠道，进行村民自治制度的宣传；

②将村民事务的信息公开披露，让百姓们知情；

③引导村民们参与村民自治中来，感受自治的精神和魅力。

（2）把主动权交给村民

村民自治的最终目标是让村民们做到自己的事情自己处理，自己的事情自己决定，拥有乡村发展的主动权，而不是被人愚弄，牵着鼻子走。

①把握村委会组织成员的选择权；

②本村大大小小的事务都能够参与并决定；

③拥有对基层领导的监督和建议权；

④本村的各项资料和信息能够及时、全面地了解。

只有村民们把乡村发展的主动权牢牢地把握在手中，才能更好地实现自己的合法权益，才能深切地体会到责任与义务的重要性，将自治视为一种常态和习惯，推动乡村治理的长远发展。

（3）提升村民主人翁意识

村民们自治意识的提高并不会威胁到村委会的发展，这一点要明确好，相反它还能够形成一股无形的力量促进村委会的全面进步。所以各个村委会，要不遗余力地推动村民自治的良性发展，不断提升村民们的主人翁意识，让大家对参政议政充满着热情和期待，满心欢喜、轻松愉悦地做自己的主人。

只有齐心协力，共同努力，才能在乡村点燃村民自治的明灯，指引基层组织和乡间百姓往法治化的道路上走。

2. 加大权力监督管理力度

具体如下。

（1）引导村民行使监督权

村民们不仅拥有基层组织领导干部的选择权，还应积极主动地对基层组织领导干部们行使一定的监督权，这既是权利也是义务，更是对自身权益负责任的一种表现。

村委会要将监督权下放给村民们，积极引导他们对于自身权利和义务的灵活运用，将法治深入民间。

（2）将政务放于阳关之下

各个村的事务如组织人员构成、职位权限、具体工作任务、晋升机制、财务往来、资金动向、各类动产和不动产状况等，无论程度的大小都不应当有所保留，要坚持公开、透明的原则，把一切政务都放于阳光之下，保证村民能够清晰、明白地看到、听到。

（3）实现村规范化的管理

乡村事务想要有条不紊地往下运行，就必须借助科学、合理、完备、系统性的章法来提供强有力的保证，而寻求事事都有章法可依的过程就是实现乡村规范化管理的过程。

①将村中一切事务的程序进行规范并公示；

②将村中所有事务内容进行规范并公布；

③将村中全部事务的时间进度安排通知到位，让大家知悉。

（4）打开村民上报之门

当村民们在本村的监督权受到强大阻力而无法表达内心的真实想法时，为了解决这个问题，让自己的监督权恢复正常使用，就不得不向上级、上上级或者更高级别的政府汇报。各级政府和司法机构应该打开村民们上报之门，建立有效的信息接收渠道和科学严谨的调查、审判机制，并广而告之，让百姓们的上报维权之路不再是困难重重，也给各个基层组织敲个警钟，让他们不再抱有侥幸心理而变得有所畏惧。

在健全的村民自治制度和有效的权力监督管理体制的共同促进下，乡村法治的构建又上升了一个层次。村民们在实现高度民主与自由的同时会对权利和义务萌生出更多的热情，对法有了更深层次的理解和更大限度的运用，在自己生活的土地上堆砌一层又一层法律的屏障，让农村变成法治的天下。

要而论之，法治乡村的最终实现，还是得依靠稳固的农村政治的大力支持，只有村民们真正地实现了民主与自由，合法权益不受侵犯；基层组织领导者们尽职尽责，成为人民的好公仆，才能为法治的构建提供良好的保障，促进乡村法治平稳、高速地发展。

(四) 完善司法体系，提供优质服务

法治乡村构建的重点和难点就在如何建设一个完善、健全的特色性乡村司法体系。只有首先攻克下最难点，在乡村构建一套科学、合理、行之有效的司法体系才能顺利改变乡村法治建设的节奏，加速推动法治乡村的全面、深化发展，让我国在法治大国之途上越走越远，越走越好，能够更加稳固地屹立于世界民族之林中。因此，司法体系的力量不容小觑。

1. 建设好乡村司法体系

(1) 司法体系的重要性

乡村司法体系的完备不仅与法治乡村的实现程度有着紧密关系，也是我国走向依法治国的必然途径，还关系到广大乡间百姓和基层组织领导们的日常生活和工作的开展顺畅程度，大体如下。

①使乡间百姓的正当权益得到保障；

②维持乡间纠纷处理机制顺畅运行；

③打开乡间百姓法律援助、司法救助之门；

④营造公平、公正、和谐、稳定的乡村环境；

⑤提升基层组织领导干部的行政执法能力。

可见，乡村司法体系的改良与完备是相关机构一项责任与意义十分重大的工作任务，必须严肃认真对待，它是乡村法治建设的重点、难点，也是法治乡村的突破口。法治乡村再到依法治国的法治国家无一不需要科学、合理、行之有效的司法体系的贡献。

(2) 司法机构建设方向

司法机构的建设也是党和政府一项任重而道远的工作项目，需要攻克很多难题，解决各种各样的矛盾，着力把缺陷和瓶颈突破，让相关政策、法令、条例等真正落到实处。让司法机构稳稳扎根于乡间土地上，让广大农村百姓们感受到司法的精神和力量，村民的获得感显著提升。

①管辖乡村地区的上级政府要把握好农村的整体态势，根据实际情况，给予特殊乡村一些资金、人力、政策上的扶持。

②在乡村司法机构内实行首问负责制，减少或者避免"踢皮球"等为难乡间百姓的现象发生，提高司法人员的责任感、使命感。

③将司法人员的岗位权限和工作职责白纸黑字规定好，加强司法机构内部的牵制性，

一层一层地实现相互制约与相互监督，让大家高效地开展工作。

④对各个乡村司法机构实现动态监测，及时、高效、快速地发现问题、解决问题，让司法机构能够有条不紊地运转。

2. 组建人民调解委员会

在乡村司法体系之外也需要组建好各个乡村自己的人民调解委员会。一方面为人民群众解决一些小纠纷和较为小型的刑事案件；一方面也可以缓解基层法院的压力，让他们花更多心思在专业的案件中。虽然人民调解委员会是一个群众性组织，它的调解不像有法律和行政一样具有强大的效力可以强制执行，但同样不可忽视这股力量，在及时发现问题、灵活处理问题、与村民互动上都有着很好的效果，能够有效地团结民众，促进乡村和谐稳定发展。

3. 强化乡村法律队伍

乡村司法体系完备的过程中，对法律队伍的强化也是一个不可或缺的环节，人才素养提高了，法律队伍的效力将更加强大。

①建立法律人才培养机制，定期地进行专业知识和技能的培训，让大家养成精密的法治思维和强大的法治意识，让工作更加得心应手；

②经常性地开展思想交流会，了解大家工作和生活上的情况，及时发现问题，有效解决问题，满足大家合理的薪资待遇等各项福利需求，保障队伍的团结友爱，保障良好的服务，减少人员的流动性；

③让法律队伍保持旺盛的活力，不断地挖掘、争取吸收优秀的法律专才；

④将村和法律人才进行一一配对，让法律和村庄完美结合，方便人民群众，也让法律人才有了更大的用武之地。

可见，乡村体系的完备也是一项攻坚战，不花费一定的时间、人力、财物等资源是难以完成的。只有加大力度构建好乡村司法机构、不断地强化乡村司法队伍，让法律真正下乡，使广大乡间百姓能够切切实实地触摸到法律，得到法律的完美保护，乡村法治的道路才算平坦了。

第三章 实施乡村振兴战略的依据

第一节 实施乡村振兴战略的理论依据

乡村振兴战略的提出是遵循现代化建设规律做出的战略部署,是走中国特色现代化道路的必然要求,是根据当前城乡发展特征做出的科学抉择。厘清乡村振兴战略的科学内涵、总体要求、战略意义以及推进路线,有利于对乡村振兴战略,以及农村发展愿景展开进一步研究。

一、乡村振兴战略提出的背景与内涵

(一) 乡村振兴战略的背景

"实施乡村振兴战略"这一部署有着深刻的历史背景和现实依据,是从党和国家事业发展全局出发做出的一项重大战略决策。乡村振兴战略作为新时代"三农"工作的总抓手和重要遵循,是当前和今后一个时期乡村振兴规划编制工作的核心依据。

1. 我国"三农"发展取得的历史性成就

"三农"发展进程的良好态势是我国着眼经济社会发展全局,实现"两个一百年"奋斗目标,对"三农"工作进行全面部署和再动员的坚实基础。

2. 我国"三农"发展仍然任重而道远

"三农"作为国之根本,"三农"工作重中之重的地位依然没有变。随着我国农业、农村发展环境发生了巨大变化,"三农"工作面临的新挑战也与以往不同。乡村振兴战略正是基于解决上述问题而提出的,为"三农"发展指明了方向。

3. 我国"三农"发展迎来历史性节点

中央坚持把农业、农村、农民问题置于关系国计民生的战略高度和核心地位,统筹工农城乡,着力强农、惠农,系统分析新时代我国社会主要矛盾转化在农业领域、农村地区

和农民群体中的具体体现，在开启全面建设社会主义现代化国家新征程的全局中进行系统设计，引入新思想、新手段和新平台，为整个乡村发展勾画出了一幅清晰可见、努力可达的美好蓝图。从经济社会发展趋势看，当前，我国经济发展模式已经转向更加注重质量和生态的节约与集约型增长方式，"绿水青山就是金山银山"的理念深入人心。产业重构、消费升级成为乡村振兴战略的市场支撑，城市农产品食品消费对安全、品质、特色的追求越来越凸显，为绿色生态农业的发展打开了市场空间。

（二）乡村振兴战略的科学内涵

1. 准确把握乡村振兴战略和城市化战略的关系

通过乡村振兴战略解决中国城乡发展不平衡和农村发展不充分的矛盾，并非意味着中国城市化战略将放缓，更不是要用乡村振兴战略来替代城市化战略。恰恰相反，乡村振兴战略必须置于城乡融合、城乡一体的架构中推进，并且应以新型城市化战略来引领，已经建成"以城带乡""以城兴乡""以工哺农""以智助农""城乡互促共进"融合发展的美丽乡村和实现乡村振兴。

中国乡村振兴战略的重点与任务既在乡村，又在乡村以外。要实现城乡人口的交互流动和优化配置，必须拓宽乡村振兴战略的视野，既重视乡村内部的建设发展和体制机制的创新，又重视乡村振兴外部环境的改善。由于中国的城乡二元结构具有社会保障和财产权利双层二元的特性，从破解城乡二元结构的体制机制的角度看，以城乡社会保障体制和农村集体产权制度为重点的三大联动改革，即城乡联动、区域联动，以及中央和地方联动的改革，应纳入乡村振兴的战略框架，并成为乡村振兴战略的基本驱动力。也就是说，破解城乡二元结构，建立城乡一体、城乡融合、城乡互促共进的体制机制，应成为乡村振兴和乡村现代化的必要条件。

2. 准确把握中国乡村形态及其变化趋势

中国乡村形态分化与发展的态势表明，随着城市化和工业化的发展，中国乡村人口分布正在逐步从分散的自给型经济分布向相对集聚的市场型经济分布转变，乡村人口的空间格局与分布正在发生着巨变。这种巨变过程意味着，一方面，乡村的发展和振兴不仅需要城市化的引领，而且也需要乡村人口自身在空间上的相对集聚和优化分布，这两者应该是同步的过程；另一方面，乡村人口空间格局与分布的变化，也为乡村振兴战略的实施提供了创新空间，具体而言，是为"乡"和"村"的有机结合、优化配置和融合发展提供了创新空间。从中国不同区域乡村的不同类型和发展实际出发，既可以以"村"为基本载体实施乡村振兴战略,也可以以"乡"为载体实施乡村振兴战略。也就是说,在有条件的乡村区域,可以通过体制机制的改革创新,探索以"乡"主导,以"乡"带"村","乡""村"共治与融合发展的新型乡村治理结构,对乡村组织、干部体制、人口集聚、产业发展、公共服务和产权制度等进行深化改革和优化配置,实现新型城镇化与乡村振兴的深度融合。总而言之,中国乡村振兴战略与城市化战略并不是矛盾体,而是"你中有我,我中有你"的相互交融关系。在中国乡村振兴的进程中,乡村定将成为农业转移人口市民化的助推器、田园生态城镇的新空间、城乡居民对美好生活向往与追求的宜居地。

二、乡村振兴战略的内容与要求

(一) 乡村振兴战略的内容

1. 坚持城乡均等发展理念,促进融合发展

落实乡村振兴战略,疾步稳健地走城乡融合发展之路,必须将工业与农业、城市与乡村、城镇居民与农村居民作为一个整体纳入现代化建设的全过程中。要明确乡村在现代化建设中的突出地位,从根本上改变以工统农、以城统乡、以扩张城市减少农村、减少农民的发展路径,明确城乡融合发展是实施乡村振兴战略,推进农业、农村现代化的有效途径。进一步理顺工农城乡关系,按照产业兴旺、生态宜居、乡风文明、治理有效、生活富裕的总要求,建立健全城乡融合发展体制机制和政策体系,统筹推进农村产业发展、生态优化、文化传承、社会建设和组织建设。加快推进乡村治理体系和治理能力现代化,在干部配备上优先考虑、在要素配置上优先满足、在资金投入上优先保障、在公共服务上优先安排,以补齐农业农村发展的短板,缩小城乡差距,实现城乡平衡、充分发展。

2. 完善农村基本经营制度,促进农民增收

稳定农村土地承包关系是中共中央确立的农村承包土地"三权"分置改革的制度基础。把农户承包经营权落实到地块,使农户承包地权属更加明晰,农民流转承包地就能更踏实,利益预期就能更明确,农户才能放心流转、稳定流转。巩固和完善农村基本经营制度是构建现代农业产业体系的基石。巩固和完善农村基本经营制度就可以不断推进农业经营体制创新,不断壮大农村新型经营主体,加快农业经营方式实现"两个转变",即家庭经营向采用先进科技和生产手段方向转变,增加技术、资本等生产要素投入,着力提高集约化水平;统一经营向发展农户联合与合作,形成多元化、多层次、多形式经营服务体系方向转变。当前,要壮大集体经济,增强集体组织服务功能,培育农民新型合作组织,发展各种农业社会化服务组织,鼓励龙头企业与农民建立紧密型利益联结机制。充分尊重农民的意愿,把小农户经营引入现代农业规模化、集约化的发展轨道上来。

3. 深化供给侧结构性改革,促进质量兴农

绿色兴农不仅是质量兴农的有机组成部分,而且关系到农村人居环境。农业投入和资源要素等是直接影响农产品质量的重要因素,走农业绿色发展道路,才能实现乡村产业兴旺,建设生态宜居乡村。走质量兴农之路,要加快推进农业由增产导向转向提质导向,实现农业、农村发展动能转换。要顺应消费者对更高质量、更加安全和绿色生态农产品食品的需求。必须加快构建优质优价机制,强化优质绿色农产品生产的激励机制。推进农产品质量分等分级,强化质量塑造品牌,克服农产品市场信息不对称的弊端,促进农业标准化生产。要加快现代农业产业体系建设,促进农牧业循环发展和农村新产业、新业态发展,推进农村第一、二、三产业融合发展,使优质绿色农产品价格在产业链和价值链中充分反映出来。要通过社会化服务和订单农业等途径促进小农户和现代农业发展的有机衔接,形成质量兴农经营体系。要深化粮食收储制度改革,在以保障国家粮食安全为底线的基础上,更加注重发挥优质优价机制,为绿色优质农产品的发展创造更大空间和有利条件。要加大科技创新,为优质绿色农产品生产流通提供科技支撑。只有强化制度性供给,探索健全质量兴农体制机制和政策体系,走质量兴农的道路才能迈开实质性步伐。

4. 坚持人与自然和谐共生,促进绿色发展

乡村的永续发展以自然资源的永续利用和良好的生态环境为基础。绿色发展有利于保护好、积蓄好、奠定好宜耕宜牧的土壤环境、宜饮宜灌的水体环境、宜呼宜吸的大气环境等,从而为农业永续发展提供不竭动力。实现乡村绿色发展,要着力构建绿色农业产业结构。根据市场需求推进农业结构调整,依靠科技引领推进农业转型升级,增加绿色优质农产品供给,逐步建立起增收效果好、环境效益高、可持续发展的产业结构体系。打造生态宜居乡村环境,加强农村突出环境问题综合整治,统筹山水林田湖草系统治理,以绿色发展引领生态振兴,重点解决土壤修复、污水治理、垃圾处理、旱厕改造等难题。充分发掘、创新性继承发展乡村传统绿色文化,建立绿色发展支持体系促进乡村绿色发展的补贴政策体系及市场化多元化生态补偿机制。做好宣传工作,引导更多人树立绿色发展理念,促进其自觉参与绿色发展实践。完善执法队伍,确保执法到位,营造良好的法治保障。

5. 传承发展提升农耕文明,促进文化繁荣

乡村振兴离不开文化振兴,传承乡土文化就是留住华夏文明之魂。要深化对乡村文化价值的认识与理解,增强对传统乡土文化的认同感和信心,让有形文化留得住、活态文化

传下去，焕发新的魅力。要高度重视古村落保护，挖掘和展示其独有的文化内涵，在确保当地百姓的生活更加便利的同时，科学、合理地编制古村落保护发展规划，既要让有形的乡村文化留得住，还要让活态的乡土文化传下去。对广袤农村孕育出的民间艺术、戏曲曲艺、手工技艺等非物质文化遗产，要将大力保护传承和开发利用有机结合，实现活态传承和经济发展双赢，让历史悠久的乡土文化在新时代焕发出新的魅力和风采。要科学引导乡村移风易俗，坚持用农民易于接受的形式进行宣传，让文明新风成为乡风主流。坚持把老百姓身边的好故事、好榜样讲出来、演出来、唱出来，让新风尚在广阔乡村生根发芽。

6. 健全创新乡村治理体系，促进乡村善治

乡村善治与否关系到乡村的和谐稳定和国家的长治久安。随着工业化、城镇化步伐加快以及农村社会流动性的不断加大，部分农村已经出现了空心化状态，给乡村治理带来了新的挑战。为了给乡村振兴营造一个和谐、安宁的社会环境，要努力做到以自治实现乡村治理共建格局、以法治实现乡村治理共治格局、以德治实现乡村治理共享格局的"三治融合"。要切实解决好农民权益保护、农村空心化、农村基础设施和公共事业发展滞后、村民自治实践不够完善、乡村治理主体的参与度不高、"返乡族"作用的充分发挥等问题，就必须充分调动农民的积极性、主动性与创造性，发挥乡贤领头羊、带头人、中介与桥梁的作用。加强基层自治组织体系的制度建设和乡村党组织建设，强化党在乡村社会中执政的组织基础，积极引导村民自治，组织和调动相关道德权威人物的力量调解矛盾纠纷。创新村民自治的组织形式，鼓励乡村社会组织的发展，持续推进民主法治村、社的创建，通过发现典型、梳理经验，推动法治在基层落地生根、开花结果。创新村干部工作方式，不断增强其运用法治思维和法治方式开展工作的能力。积极发挥村规民约的区域性功能，引导村民在村规民约中体现法治的约束功能。加强村民个体的教育与培养，注重不良道德行为的惩戒，注重乡村道德人物的塑造与宣扬，发挥其道德标杆和道德引领的作用，并给予其必要、适当的物质奖励和精神鼓励。

(三) 乡村振兴战略的总体要求

1. 乡村振兴战略总体要求的内容阐释

作为推动乡村发展的重要驱动力，产业发展是乡村振兴战略中最基础的任务，同时也是最关键的任务之一。当前阶段，我国农村产业发展滞后，这一状况既显示出农村中农业问题的短板，也显示出农业后期发展的巨大潜力。乡村振兴战略作为当下推进农业现代化进程的关键，需要借助农业供给侧结构性改革，优化农业结构，提高农产品质量，切实实

现农业产业崛起。此外，将农村第一、二、三产业深度融合，不仅能够有效促进产业链的延伸，而且能够进一步促进经济的发展，是帮助农民促进就业、增加农民收入、维护农村稳定的有力措施。将产业发展作为乡村振兴战略的重点有其现实意义，乡村振兴战略的实施应以农业产业的发展为切入点，直趋深层。

第一，产业兴旺是乡村振兴战略的基础。提到产业兴旺，有乡村生活经验的人自然会联想到过春节时家家户户喜欢张贴的两个条幅："五谷丰登""六畜兴旺"，反映的正是乡村生产内容的丰富性和多样性。乡村的生产类型是丰富和多元的：有多样化的种植业、养殖业；有丰富多彩的乡村手工业；有大田的农业生产，还有房前屋后种瓜种豆的庭院经济；更有现代社会发展形成的乡村休闲度假等新型产业。乡村产业的经营主体也是多元的：有以农户为主体的产业类型，也有以合作社、农业企业、外来资本为主体的产业。从农民自身需求出发，促进多种生产经营活动一并推进，是农村产业繁荣的重要特征。

第二，生态宜居是乡村振兴战略的关键。推进生态宜居的乡村发展是一个长期且持续的过程，并不能一蹴而就。生态文明建设作为支持现代化建设的重要组成部分，对农业、农村经济发展有重要影响。乡村振兴战略中生态宜居的需求是在长期生态文明建设工作的基础上所提出的新标准，生态代表着自然环境和社会环境的发展。在农村，良好的生态环境才能为产业的发展提供建设的基础，才能为农民群体提供更加宜居的生存环境，也能为文化等产业的开展提供自然资源等发展基础。

第三，乡风文明是乡村振兴战略的保障。乡风代表乡村的特质，旨在推进乡村精神文明建设，同时，我国农村地区传统文化很大程度上是乡土文化，需要社会各界共同努力来唤醒文明乡风。具体做法可以采取相关措施保护优秀的村风，既包括所在村落的物质文明，也包括非物质文明，而优良的村风不仅表现了村民的精神状态，更代表了独特的乡村风貌。除此之外，还应当通过社会主义文化建设，弘扬现代主流思想和良好精神品质，积极投身乡村振兴战略建设工作。

第四，治理有效是乡村振兴战略的基础。首先，任何社会都需要法律法规和道德规范，城乡差距的具体表现之一体现在乡村地区的治理情况相对落后，要实现乡村全面振兴离不开治理水平的提升。其次，乡村治理还应当注重效果，要注重政策、方针的贯彻与落实。此外，农民是农村的主体，还应当注重乡村自治，而乡村自治的过程同样也是协商的过程，在协商过程中应当注重公平、公正原则。乡村治理的目标是将乡村法治、乡村德治、乡村自治统一结合，从而形成"村村有村规，人人讲规矩"的乡村善治体系。只有这样才能实现乡村生活富裕这一乡村振兴战略的根本目标。

综上所述，乡村振兴战略的四大要求涵盖了乡村政治建设、乡村经济建设、乡村文化建设、乡村生态社会建设的有机整体，贯穿了乡村振兴战略的始终，描绘出了乡村全面振兴之后的美丽图景，是整个乡村振兴战略的核心。

2. 乡村振兴战略五大要求间的相互关系

我国的农业问题、农村问题和农民问题三者之间并不是个体、孤立的存在，而是互相联系的整体。要解决这些问题，须坚定三者协调、相互发展、共同进步的立场。当前的乡村振兴战略发展目标，应立足于全面推进农村发展，其五大要求紧密相连，乡村振兴战略的任一要求都与其他要求相互关联、相互影响。

首先，产业兴旺是乡村振兴建设中最重要的目标之一，其成功实现与农业供给侧结构性改革息息相关。在乡村建设中，只有坚持绿色农业、生态农业，保证农业的可持续发展，才能合理配置土地资源，改善农村生态环境，从而实现农村产业的多元化发展，推动农村生态建设。在此基础之上，人民群众精神需求也会日益增加，进一步推进精神文明建设，构建文明乡风，从而实现农村物质文明建设和农村精神文明建设共同进步，为农村实现生活富裕奠定基础。

其次，生态宜居是乡村振兴建设 20 字方针中的重要内容，其成功实现离不开乡村居住环境的改善。农村环境保护和农村资源开发，两者均应当受到相关部门的高度关注，特别是在自然资源占主导地位的地区，更应当注重自然资源的合理开发，将农村良好的资源优势转化为农村建设的发展优势。良好的农村生态环境是发展生态农业的前提，同时也是发展乡村旅游资源的重要形式。

总之，乡村振兴五大要求涉及乡村政治、经济、文化、社会及生态环境的方方面面，对整体乡村的转型升级有重要影响，在实施乡村振兴战略过程中要正确处理好五大要求的相互关系，共同致力于乡村全面振兴。

3. 乡村振兴战略总体要求与乡村旅游扶贫的关系

旅游扶贫作为一种重点通过旅游项目的开发促进贫困地区生产、促进经济增长、帮助贫困居民快速致富的产业发展方式，可以借助当地资源有效配置市场资源，节约成本，对当地生态环境也不会造成损害。因此，乡村旅游扶贫能够大大提升当地经济发展水平，在最大限度上协调区域发展。

（1）乡村旅游对产业、生态、乡风、治理和生活方面的贡献更大

"产业兴旺、生态宜居、乡风文明、治理有效、生活富裕"的五大要求部署，要求乡村旅游在产业、生态、乡风、治理以及生活方面有更大作为及更大贡献。产业兴旺是根本基础，发展当地农村休闲旅游产业、丰富乡村旅游产品、做大做强乡村观光旅游业及休闲

业对当地经济发展及农村生活改善有重要影响，因而要大力发展乡村旅游经济，吸引更多的资本、技术及人才到农村中去。在此基础上，保护当地生态环境，注重开发及保护并举，重点保护当地农村自然资源及文化生态系统，发展经济的同时做好乡村治理及乡村生态保护等各项工作。

（2）根据调查、分析和综合确定乡村旅游经济发展定位及发展目标

乡村想要借助旅游项目的开展实现乡村脱贫，就应当注重做好发展定位工作，包括功能定位、发展方向、市场定位、目标客源定位等。通过发展项目的定位来将农业旅游与乡村发展结合起来，通过对当地民风、民俗的调查及分析，进一步确定其旅游扶贫的重点，之后，在政策的引导下鼓励更多农民群体返乡创业，充分利用当地资源确定当地发展方向，提升乡村扶贫效果。

（3）突出乡村旅游特色与主题策划

特色是旅游休闲农业产品的核心竞争力，主题是旅游休闲农业产品的核心吸引力。要认真依托当地自然资源的开发情况，进一步分析周边地区的观光农业项目特点，借助不同的农业生产及农村文化资源营造旅游特色；要充分利用乡村地区丰富的历史底蕴、悠久的文化传统，以及地域性、景观性、生态性、知识性、文化性和传统性等。此外，要根据项目特色，积极进行更具创新意义的主题策划。

在此基础上，根据乡村振兴战略的五大要求进一步完善乡村旅游扶贫策略，创作出富有创意、生动的乡村旅游项目，借助更有意义的主题策划宣传当地文化及做好传承工作。

按照产业兴旺、生态宜居、乡风文明、治理有效、生活富裕的总要求，建立健全城乡融合发展体制机制和政策体系，加快推进农业、农村现代化。这一全新的战略部署对当今农村经济的发展，以及生态的保护等各项工作开展具有重要意义。具体到实施过程中，更应当基于战略性的顶层设计，开展系列实践，促进农村转型、农民致富。

新的历史背景下，如何借助乡村旅游扶贫推进乡村振兴，值得相关研究人员进一步思考。同时，也更应当发挥出旅游业对乡村的促进作用，发挥出乡村振兴战略的应有作用。

第二节　实施乡村振兴战略的实践依据

一、经济建设

全面推动乡村地区经济发展，既是乡村振兴的需要，也是乡村振兴的基础。乡村地区

经济建设一方面是满足人民生活水平不断提高对农产品的需求,另一方面是满足农业生产者收入不断提高的需要。乡村经济建设要以农业供给侧结构性改革为指导思想,以市场经济为基础,依托制度创新、组织创新和技术创新来进行。深化农村土地产权制度改革和农业经营制度改革,大力实施农业生产组织创新,推动第一第二第三产业融合发展,充分利用分子生物技术和物联网等新技术,改造传统农业生产方式,提高农业生产率和竞争力。

(一) 深入推进农业供给侧结构性改革

1. 农业供给侧结构性改革的核心内容

农业供给侧结构性改革就是要从供给入手转变农业的发展方式,改善供给结构。其核心是指通过自身的努力调整,让农民生产出的产品,在质量和数量上,符合消费者的需求,实现产地与消费地的无缝对接;也就是用改革的办法推进结构调整,减少无效和低端供给,扩大有效和中高端供给,增强供给结构对需求变化的适应性和灵活性,提高全要素生产率,使供给体系更好地适应需求结构变化。

2. 推进结构调整,提高农业供给体系质量和效率

农业供给侧结构性改革需要进一步优化农产品品种结构和区域布局,建设好粮食功能区和主要农产品保护区,巩固国家的粮食安全底线。一方面是要强化扶持引导,建设新型农业经营体系。发挥新型经营主体的凝聚带动作用,突破农民分散经营、效率低下、盲目生产、风险大收益小的难题。以新型经营主体为带动,促进土地规模化经营和农业产业结构调整,大力发展设施农业,不断促进农业增效、农民增收。另一方面是要发挥各地由市场力量和资源禀赋决定的竞争优势,大力发展特色优势农产品生产,使农产品特而专、新而奇、精而美。随着生活水平的提高,人们对食品安全和健康有了新的追求。绿色无污染,由农户自己养殖、种植的畜禽、蔬菜日益受到人们追捧。当前农产品"有没有""够不够"已不是问题,"好不好""优不优"才更受关注。面对大宗农产品总量过剩,优质农产品供给不足,其实质是农业结构调整跟不上消费升级步伐导致的矛盾,其背后也蕴藏着农业供给侧结构性改革的巨大空间和质量兴农的巨大潜力。

3. 因地制宜,做大做强地方优势特色产业

农业供给侧结构性改革必须因地制宜,做大做强地方优势特色产业,使具有地方特色的优质农产品,例如,杂粮杂豆、蔬菜瓜果、茶叶、花卉、食用菌、中药材和特色养殖等提升档次、升级产品、扩大利润空间,努力把地方特色小品种和土特产做成带动农民增收的大产业。加强优势特色农产品生产、加工、储藏等技术研发,构建具有地方特色的技术

体系。加快信息技术、绿色制造等高新技术向农业生产、经营、加工、流通、服务领域渗透和应用。加强特色产品、特色产业开发和营销体系建设。加快推进特色农产品优势区建设，制定特色农产品优势区建设规划，鼓励各地争创园艺产品、畜产品、水产品等特色农产品优势区，推动资金项目向优势区、特色产区倾斜。推动完善"菜篮子"市长负责制考核机制，开展鲜活农产品调控目录试点。加快发展都市现代农业，深挖农业潜力，创造新需求。塑造农产品品牌，以优势企业、产业联盟和行业协会为依托，在粮油、果茶、瓜菜、畜产品、水产品等大宗作物及特色产业上打造市场信誉度高、影响力大的区域公用品牌、企业品牌和产品品牌。通过培训、学习、经验交流，提升乡村居民的品牌意识，以及农业品牌建设与管理的能力和水平，充分利用各种农产品营销推介平台，推进乡村品牌建设。

（二）建设新型农业经营体系

1. 加快构建现代农业产业体系

现代农业产业体系是集食物保障、原料供给、资源开发、生态保护、经济发展、文化传承、市场服务于一体的综合系统，是多层次、复合型的产业体系。现代农业产业体系是衡量现代农业整体素质和竞争力的主要标志，解决的是农业资源的市场配置和农产品的有效供给问题。构建现代农业产业体系，就是要以市场需求为导向，充分发挥各区域的资源比较优势，以粮经饲统筹、农牧渔结合、种养加一体为手段，通过对农业结构的优化调整，提高农业资源在空间和时间上的配置效率。深入实施藏粮于地、藏粮于技战略，严守耕地红线，全面落实永久基本农田特殊保护制度，稳定耕地保有量，保护基本农田面积。加强基础建设，调整品种结构，强化政策扶持，确保国家粮食安全。

构建现代农业产业体系，需要以地方优质特色优势产业为支撑。特色主要是指资源和产品的品质，而优势则是指市场份额、消费信誉、品牌影响和出口能力。一方面，必须深入挖掘各地农村农业资源的发展潜力，在现有农村产业的基础上做好优选和结构优化工作，使产业优势能够充分反映资源优势。注重生产力空间布局工作，高效配置资源；关注农村产业培育与生态环境的协调发展问题，做好生态红线和耕地红线的划定和管理。另一方面，必须创新产业发展战略，着力培育有市场需求、有出口能力、产业链条长、产业互补性强、产品品质高的产业体系。各地选择主导产业应坚持差异性、互补性、循环性的原则，尽量避免结构雷同。同时，要加快培育创新体系，加强农村技能培训，还需培育一大批农业企业家引领产业成长。

2. 加快构建现代农业生产体系

现代农业生产体系是先进科学技术与生产过程的有机结合，是衡量现代农业生产力发展水平的主要标志。主要是通过实施良种化、延长产业链、储藏包装、流通和销售等环节的有机结合，提升产业的价值链，发展高层次农产品，壮大农业新产业和新业态，提高农业质量效益和整体竞争力。

构建现代农业生产体系，就是要转变农业要素投入方式，用现代物质装备武装农业，用现代科学技术服务农业，用现代生产方式改造农业，提高农业良种化、机械化、科技化、信息化、标准化水平。大规模推进农村土地整治和高标准农田建设，稳步提升耕地质量。按照"五个集中"原则，以粮食生产功能区和重要农产品保护区为重点，全面加强田、土、水、路、林、电、技的建设和改造。加快构建现代农业生产体系，一是要发展龙头企业、家庭农场、家庭牧场、农民专业合作社等，创新农业经济的微观经济基础，加快粮食生产全程机械化推进，加强全程机械化主体和示范区建设，着力发展高效、节本、智能化农机装备，促进机械化向产前产后延伸，培育农机作业服务市场，建设全程机械化示范区，提高农作物耕种收综合机械化水平。二是要加快培育有文化知识、技能水平高、创新创业能力强的新型职业农民，同时支持农民工、职业院校毕业生等人员加入到新型职业农民队伍中去。三是要打造现代化农业引领平台，推进现代农业产业园、科技园建设。加快培育标准化生产基地，以农产品基地、合作社、服务公司等为主要平台，全面实行标准化和组织化。四是要坚持实施适度规模化经营战略，积极发展生产、供销、信用、电商的综合合作关系。大力发展数字农业，加快推进"互联网+"现代农业，实施智慧农业林业水利工程。提升信息进村入户水平，推进玉米、水稻、畜牧、设施蔬菜等产业物联网示范园区建设，加快农业卫星数据云平台建设，提升气象为农服务能力，争取早日实现信息服务站行政村全覆盖。五是创新农业科技研发推广体制机制，围绕提质增效需要，开展重大科技攻关和技术模式创新，加快成果转化和集成应用，加强基层农技推广体系建设，不断提高农业科技贡献率。重点培育地方领军型龙头企业。加大对产品开发和技术改造支持力度，推动农产品加工业转型升级，引导一般食品加工业在镇村、大型食品加工业加工在县域工业集中区集群发展，就近转化农业原料和产品。

3. 加快构建现代农业经营体系

现代农业经营体系是新型农业经营主体、新型职业农民与农业社会化服务体系的有机组合，是衡量现代农业组织化、社会化、市场化程度的重要标志，主要涉及专业大户、家庭农场、家庭牧场、农民合作社、龙头企业等。当前构建现代农业经营体系要集中解决好一系列问题，如农民要向职业化方向发展、坚持适度规模经营、建立社会化服务体系等。

加快构建现代农业经营体系，一是要着力推进土地流转型适度规模经营，统筹兼顾培育新型农业经营主体和扶持小农户，积极培育和规范建设家庭农场、农民专业合作社、农业产业化龙头企业等新型农业经营主体，并有效发挥其示范引领作用和带动农户功能。积极推广"种养结合"模式的农户经营结构，支持具有一定规模的种植户发展养殖业，发挥对农民增收和培肥地力的促进作用。加大对小农户生产的政策扶持，改善小农户生产设施条件，加强科技培训和职业教育，提高小农户抗风险能力，促进小农户和现代农业发展有机衔接。创新"公司+农户"模式，在"公司+基地+农户""超市+基地+农户""科技公司+基地+合作社"等方面做更多的尝试。二是要培育新型市场经营体系，提升农产品的国内和出口层次。特别是"一带一路"沿线的省区市农村，要把外向发展和经营作为新的战略重点，按照国际农产品市场的需要和特点，打造出口型现代农业高新技术产业园区、出口基地、出口加工区、出口贸易区等。三是加快培育农业社会化服务体系。发展服务带动型规模经营，发展农业生产性服务业，培育各类专业化服务组织，推进农业生产全程社会化服务，帮助小农生产节本增效。推动群体发展型规模经营，实施产业兴村强乡行动，促进扶持一村一品、一乡一业发展，引导小农从分散的单打独斗式生产向集中连片的群体化生产转变，帮助小农户对接市场、发展联合协作。培育金融、信息、农机和技术服务等服务主体，推进农业社会化服务体系的专业化发展，大力发展公益性农业服务机构，加强新型生产经营或服务主体之间的合作，提高农业社会化服务的综合效益。鼓励引导工商资本开展种子、加工、销售、生产服务等生产经营，向农业输入现代生产要素和经营模式。健全工商资本租赁农地的监管和风险防范机制。

（三）聚集现代生产要素，促进一二三产业融合

1. 大力发展农产品加工业

延长农业的产业链条，增加产业附加值。积极发展农产品加工业，强化农产品产后商品化处理。深入实施质量品牌提升行动，促进农产品加工业转型升级。建设农产品加工技术集成基地，开展关键技术装备研发和推广。深入实施农村产业融合发展试点示范工程，开展农业产业化示范基地提质行动，建设一批农村产业融合发展示范园和先导区。

深入推进农业绿色化、优质化、品牌化发展。全面落实国家质量兴农战略规划，建立健全质量兴农的政策体系、工作体系和考核体系。健全农业生产标准体系，大力推广标准化生产，鼓励和引导龙头企业、农民专业合作社、科技示范户和家庭农场率先实行标准化生产，支持"三品一标"认证，建设绿色基地。完善农产品质量和食品安全标准体系，加

强农业投入品和农产品质量安全追溯体系建设，健全农产品质量和食品安全监管体制，重点提高基层监管能力。

做大做强优质特色农产品品牌。开展特色农产品品牌创建行动，分层级、类别，突出地理信息和企业信息，以政府背书品牌为引领，带动区域公用品牌、企业品牌和产品品牌跟进，完善地区特色优势农产品品牌体系，推动农产品生产加工标准化、外向型和优质安全的发展，提升品牌产品附加值，巩固和深化品牌建设，提升品牌影响力。深化与"一带一路"沿线国家和地区农产品的贸易关系，实施特色优势农产品出口提升行动，扩大高附加值农产品出口。

2. 积极发展休闲农业与乡村旅游

发展壮大农村新产业新业态。大力推进农业农村资源与休闲旅游、农耕体验、文化传承、健康养生等产业的深度融合，丰富乡村旅游业态和产品，打造各类主题乡村旅游目的地和精品线路，发展观光农业、体验农业、创意农业等新产业新业态。合理布局、有序推进美丽乡村建设，支持发展乡村旅游，开展示范县、美丽休闲乡村、特色魅力小镇、精品景点线路、重要农业文化遗产等项目推广。持续推进"乡村旅游后备厢行动""一村一品"等乡村旅游建设专项行动，深入开展乡村旅游点改厨、改厕、改院落、整治周边环境等"三改一整"工程，农村集体经济组织可以创办乡村旅游合作社，或与社会资本联办乡村旅游企业，推动乡村休闲旅游业扩大规模、提档升级。

3. 建设现代农业产业园

以规模化种养基地为基础，依托农业产业化龙头企业带动，聚集现代生产要素，建设"生产+加工+科技"、一二三产业融合的现代农业产业园，发挥技术集成、产业融合、创业平台、核心辐射等功能作用。吸引龙头企业和科研机构建设运营产业园，发展设施农业、精准农业、精深加工、现代营销，发展农业产业化联合体，推动农业全环节升级、全链条增值。支持农户通过订单农业、股份合作、入园创业就业等多种形式参与建设、分享收益。

（四）"互联网+农业"新生产组织方式

1. 互联网技术深刻运用的智能农业模式

以计算机为中心，对当前信息技术的综合集成，集感知、传输、控制、作业为一体，将农业的标准化、规范化大大向前推进了一步，不仅节省了人力成本，也提高了品质控制能力，增强了自然风险抗击能力，正在得到日益广泛的推广。

2. 互联网营销综合运用的电商模式

农村电子商务是一种电子化交易活动,它是以农业的生产为基础的。其中包括农业生产的管理、农产品的网络营销、电子支付、物流管理等。它是以信息技术和全球化网络系统为支撑点,构架类似 B2B、B2C 的综合平台支持,提供从网上交易、拍卖、电子支付、物流配送等功能,主要从事与农产品产、供、销等环节相关的电子化商务服务,农产品电商已成为促进农业发展、农村繁荣、农民增收的重要途径。

3. 互联网与农业深度融合的产业链模式

将互联网与农业产业的生产、加工、销售等环节充分融合。运用互联网技术去改造生产环节提高生产水平,管控整个生产经营过程确保产品品质,对产品营销进行创新设计,将传统隔离的农业一、二、三产业环节打通,形成完备的产业链。

与生产环节结合。依托互联网手段,通过便捷的网络通信渠道将市场供求变化和先进的农业科技技术传输到田间地头,辅助农民进行科学的生产决策,并积极引导小农经营向规模化、集约化方向发展。

与加工环节结合。应用信息技术实现对原料采购、订单处理、产品加工、仓储运输、质量管控的一体化管理,实现企业内部生产加工流通各环节上信息的顺畅交流和资源的合理配置,促进企业管理科学化和高效化。

在销售环节结合,利用现代网络技术,例如,射频技术和传感技术等,可实现农产品流通信息的快速传递,减少物流损耗,提高流通效率;引入商业智能和数据仓库技术,龙头企业可以更加深入地开展数据分析,提供有效的市场决策,积极应对市场风险;通过打造电子商务和网络化营销模式,实现农产品销售不再受限于地域和时间的制约,促进农业生产要素的合理流动,构建高效低耗的流通产业链。

与消费环节结合。利用物联网技术建立农产品安全追溯系统,对消费的农产品的来源、经过的环节、增值的过程都通过产品标识或者信息编码的方式传递给最终消费者,让原本游离于产业运行体系之外的消费者能够了解到农产品的相关质量信息,促进放心消费。

综上,可以说"互联网+农业"提高了效率,降低了风险,实现了数据可视化、市场可视化,使生产产量可控;打破传统,重新构建了农产品流通模式,突破了传统农产品生产模式,建立新的信息来源模式;提升消费者安全感,向国外可追溯农业看齐,加强食品安全监管;链条化,纵向拉长产业结构;信息共享,了解更多最新、最全信息。

二、文化建设

(一) 让乡土文化成为乡村振兴的动力之源

1. 乡村振兴，文化先行

中华民族伟大复兴要以中华文化发展繁荣为条件。只有将中华文化体现和惠及在幅员广阔的中国乡村上，才能算得上真正的繁荣，乡村富庶而文明，泽惠绵亘。让农业成为有奔头的产业，让农民成为有吸引力的职业，让农村成为安居乐业的美丽家园，这三个方向的评判标准，不是单纯的统计报表所能够回答的，更多的是人们心底对于乡村的认同和表里如一的体现。实际上是工业文明的突飞猛进和在城市化加速发展的过程中，中国人对乡村聚落和乡村生活方式的价值认同。

文化是心灵的家园，滋润了中华民族乡村社会，几千年的优秀传统文化植根在悠远的历史与复杂的现实中。在中国传统社会，乡村文化不一定是落后的象征，而且恰恰可能是城市文化的重要补充。

2. 乡村文化是国家发展的重要支柱

从国际发展经验来看，经济发展后文化越是悠久就越值得重新挖掘。好的文化传统是最宝贵的精神财富。在我国乡村中，中华文化基因仍然是乡村文化中的主要内容，大致可以概括为：家族责任，血脉传承；孝亲敬友，伦理支撑；邻里和睦，患难共分；红白喜事，心安礼成；知耻奋发，家风家门；年节气和，风俗人文。这些优秀传统文化基因，仍然是维系与支撑我国广大乡村的文化纽带。

中国是一个人口大国，农业是天下之本，农业是国家之本。农村是传统文化生根之处。吾国吾民，皆莫不起源于乡村，故乡村者，父母之邦也，也是文化之肇端。建设好乡村文化，必将为中华文化的真正繁荣发展作出贡献。

(二) 发展"文化+"，打造文化共同体

1. "文化+传统道德"

积极利用优秀传统民俗文化的正能量，把传统道德约束与村民自律、村组织管理有效结合起来，促进和谐稳定。建好、用好新时代传习所，深入开展习近平新时代中国特色社会主义思想宣传教育。以社会主义核心价值观为引领，坚持教育引导、实践养成、制度保障"三管"齐下，采取符合农村特点的有效方式，深化中国特色社会主义和中国梦宣传教

育，弘扬民族精神和时代精神。推进诚信建设，强化农民的社会责任意识、规则意识、集体意识、主人翁意识。深入实施公民道德建设工程，建好、用好农村道德讲堂，大力开展主题实践活动，评选勤劳致富、热心公益、孝老爱亲、创新创业、教子有方等乡村好人，宣传思想道德模范事迹。

实施"新乡贤培育计划"，建设乡村思想道德高地，充实乡村发展的中坚力量。加强乡村人力资源建设，聚人气、能传承、有后劲，是当前乡村文化建设乃至整体振兴的一个关键。

适当恢复乡贤文化，重在重建乡村的知识阶层，培育精英资源，充实精英力量，主要有以下几种途径：一是加强知识技能培训，着力提升本地农民素质。二是加强思想道德建设，以文化人，培育乡贤文化。以社会主义核心价值观为引领，弘扬"好为德于乡"的乡贤精神，建设乡村思想道德高地。三是吸引新乡贤反哺，鼓励各方社会贤达投身乡村建设，推动人才回乡、企业回迁、资金回流、信息回传，使优秀资源回到乡村、惠及乡村。要鼓励文化人士反哺乡村，因为传统社会读书人对地方人文具有积极教化与滋润作用。如果说梁漱溟先生曾经的乡村儒学建设因为时代动荡而失败了，那已成为历史。如今国家安定和平，大力倡导优秀传统文化，城市反哺乡村的条件已经成熟。

2."文化+公共活动"

当前，随着乡村社会关系和结构的变动，很多基层文化设施成为摆设。一些文化活动由于与群众实际需求有差距，群众对此并不热心，一些乡村出现文化边缘化现象。以"文化+公共活动"的方式，建设乡村文化是一种具有意义的文化探索。

积极开展各种文化活动，弘扬和宣传中华文化，发挥中华文化正能量的作用来为经济社会发展服务，培养广大民众弘扬中华文化的自觉行动，并树立起文化自信；利用民俗文化中带有正能量的功能，加强连接城乡的文化纽带建设，为乡村社会的自治和稳定发展服务，使优秀民俗成为乡村公共活动的平台资源，在文化上有传承，在发展中有凝聚和认同。从乡村的实际出发，因地制宜，激发乡村文化活动的主创性，充分汲取乡土精华，充分吸纳乡村文化成果，积极打造特色乡村文化，广泛开展形式多样、内容丰富的文化惠民活动，努力营造浓厚的文化氛围。

3."文化+经济发展"

在自觉传承民风民俗的基础上，发展观光农业、现代农庄和特色小镇等，使农民在家门口致富，使乡村成为宜业宜居的新家园。

在工艺美术资源丰富地区，构建"手艺农村"站点，实现"一村一案""一乡一业"

的网格化布局，在条件成熟地区探索建立传统手工艺原创生产示范基地，以手艺带农户，以农户带农村，以农村带基地，以基地带销售，建设"手艺农村"原创手工艺品线上线下营售商业模式，发展农村手工文化产业。同时，推动少数民族及边远地区手工艺产品品牌、企业品牌向区域文化品牌转移，加强手工艺知识产权法律援助，开展创意研发等文化帮扶，开放手工创意产品发行传播通道，帮助产品直销，动员吸收社会力量来发展民族地区及边远地区特色手工艺。

（三）打造乡村人文新生态

要善于利用乡村的淳朴，历史的遗迹，乡村风俗传说与历史典故的资源，与乡村的山水、食物、自然风光结合起来，打造一种人文新生态。

要保护优秀文化遗产，深入挖掘农耕文化蕴含的优秀思想观念、人文精神、道德规范，充分发挥其在凝聚人心、教化群众、淳化民风中的重要作用。保护好文物古迹、传统村落、民族村寨、传统建筑、农业遗迹、灌溉工程遗产。支持农村地区优秀戏曲曲艺、少数民族文化、民间文化等传承发展。同时，健全乡村公共文化服务体系，发挥县级公共文化机构辐射作用，推进基层综合性文化服务中心建设，实现乡村两级公共文化服务全覆盖。

整理、保护、传承和发展地域优秀传统文化。加强文化和自然遗产保护，坚决杜绝过度商业化开发现象。建设乡村博物馆，推动创作具有地方特色和乡土气息的书画、影视、戏曲、曲艺、文学等文化作品，尤其是体现讲好中国故事、表现人民大众、反映时代风貌、突出地域特色的文化作品。

保护好文物古迹、传统村落、民族村寨、传统建筑、农业遗迹、灌溉工程遗产，建设少数民族特色村寨。加强对历史文化名村和自然风景名村以及名人故居的修缮和保护，防止它们在工业化和城镇化进程中受到破坏，充分发挥它们在文化传承中的载体作用。

（四）加强农村公共文化服务体系建设

加强农村公共文化服务体系建设，丰富群众文化生活，充实乡村内生动力。繁荣兴盛农村文化，焕发乡风文明新气象，坚持物质文明和精神文明一起抓，推动农村文化事业和文化产业发展，提升农民精神风貌，培育文明乡风、良好家风、淳朴民风，不断提高乡村社会文明程度。

我国农村地区经济社会发展水平各不相同，风土人情各异，农村文化建设应根据各地实际，体现地域特色。一是从乡村文明出发完善基础设施。加强各类文化基础设施建设，为乡村居民提供丰富多彩的文化服务；建设具有共同价值的"乡土博物馆"等文化设施，重视具有识别价值的乡村聚落、民居住宅等"乡土景观群"，使集物候节律、传统节日等与日常生产生活一体的"农业遗产带"焕发活力，进一步发展集循环农业、创意农业、农事体验于一体的"田园综合体"，发挥乡土文化景观的人文辐射作用。二是从地方文化出发，开展群众喜闻乐见的文化活动。调动农民参与热情，自创文化阵地；推进基层综合文化服务中心建设，实现乡村两级公共文化服务全覆盖；广泛开展群众性文化活动，鼓励各类民间艺人为农村文化服务多做工作，让民间文艺活跃在民间。三是加强"三农"题材文艺创作，反映乡村振兴的历史进程，叙述优秀的"三农"故事，体现乡村价值、乡村精神，鼓舞人们建设乡村、发展乡村；活跃繁荣农村文化市场，丰富农村文化业态，弘扬乌兰牧骑精神，开展"红色文艺轻骑兵送文化""文化惠农直通车"等系列活动。

三、生态建设

（一）改善乡村人居环境

实现生态宜居的目标，首先要解决乡村现有的环境问题，改造和升级乡村居民生活环境设施，在让居民生活更方便、更环保、更有质量的同时，减少居民生活对环境产生的污染和破坏，整治乡村的人居环境，整合各种资源，做好乡村垃圾清理、污水治理、饮用水保护和村容村貌提升，稳步有序地针对农村人居环境进行治理。

推进农村生活垃圾治理。统筹考虑生活垃圾和农业生产废弃物利用、处理，建立健全符合农村实际、方式多样的生活垃圾收运处置体系。有条件的地区要推行适合农村特点的垃圾就地分类和资源化利用方式。开展非正规垃圾堆放点排查整治，重点整治垃圾山、垃圾围村、垃圾围坝、工业污染等。

开展厕所粪污治理。合理选择改厕模式，推进"厕所革命"。东部地区、中西部城市近郊区以及其他环境容量较小的地区村庄，加快推进户用卫生厕所建设和改造，同步实施厕所粪污治理。其他地区要按照群众接受、经济适用、维护方便、不污染公共水体的要求，普及不同水平的卫生厕所。引导农村新建住房配套建设无害化卫生厕所，人口规模较大村庄配套建设公共厕所。加强改厕与农村生活污水治理的有效衔接。鼓励各地结合实际，将厕所粪污、畜禽养殖废弃物一并处理并资源化利用。

梯次推进农村生活污水治理。根据农村不同区位条件、村庄人口聚集程度、污水产生规模，因地制宜采用污染治理与资源利用相结合、工程措施与生态措施相结合、集中与分散相结合的建设模式和处理工艺。推动城镇污水管网向周边村庄延伸覆盖。积极推广低成本、低能耗、易维护、高效率的污水处理技术，鼓励采用生态处理工艺。加强生活污水源头减量和尾水回收利用。以房前屋后河塘沟渠为重点，实施清淤疏浚，采取综合措施恢复水生态。

防控乡村企业污染。严格控制在优先保护类耕地集中区域新建有色金属冶炼、石油加工、化工、焦化、电镀、制革等行业企业，现有相关行业企业要采用新技术、新工艺，加快提标升级改造步伐。

（二）提高绿色农业生产水平

绿色农业是发展现代农业的最前沿，不断提高绿色农业生产水平，逐步减少农业生产对生态环境的污染和破坏，用生物肥料和生物农药替代化学肥料和化学农药，使用可降解程度更高的薄膜，把化学有机物对土壤、河流的面源污染程度降到最小，为消费者提供安全、高品质的农产品。

1. 提高全社会的绿色消费意识

随着人们生活水平的提升，绿色消费理念逐渐获得越来越多人的认可，这就大大扩大了无公害绿色农产品的消费需求。应积极宣传绿色消费理念，增强人们的绿色消费观念与意识。

其一，在日常的消费行为中，应逐渐融入一些绿色消费的理念，逐步影响消费者的行为。例如，工业化的发展带来了严重的环境污染，农药、化肥的过度使用也进一步加剧了农产品的安全隐患。

其二，加大力度宣传绿色消费及绿色产品对人体健康、环境保护方面的好处。通过科技人员下乡培训、宣传以及广播、电视、网络等媒介的推广，让更多的人认识绿色农业，培养消费者的绿色消费观念，让消费者认识到农产品的质量安全、资源环境的保护都与自身利益息息相关，让农民认识到绿色农业有利于长久保障农民收入的增长。

其三，应在全国推行生态保护理念，让农业生产的生态保护意识深入人心，让绿色生产、安全生产贯穿于整个农业生产，形成技术、环境、经济的和谐、可持续发展。

2. 建立健全绿色农业发展的体系与制度

绿色农业发展是否能够成功，关键在于能否让农民以及相关的企业获得足够的效益。绿色农业的发展离不开市场机制的推动，但是政府扶持却是绿色农业发展的重要动力与基石，政府通过颁布相应的法律法规，为绿色农业的发展提供财力、物力、人力的支持。

构建齐全的绿色农业生产法律法规。绿色农业的可持续发展需要相应的法律法规，以加强对绿色农业发展战略的保护。绿色农业不仅关乎农业生产本身，也与环境保护直接相关，因此，完善绿色农业生产相关的法律法规，将有利于生态环境的保护，提高人民的法制意识，为绿色农业的推行提供法律支撑。

加强对绿色农产品的质量监控。应构建科学、严格的绿色农产品质量安全认证体系，并严格规范绿色农产品申报、审批相关的制度。打通绿色农产品产销通道，解决绿色农业发展的终端消费问题。规范绿色农产品质量监督管理体系，从严控品质着手，打造绿色农产品的公信力。

为绿色农业发展提供可靠的政策保障。首先要在土地经营政策方面提供支持。对于绿色农业龙头企业，优先保障其用地指标，并在工商注册、收费、土地审批方面予以支持。其次在产业投资政策方面也应予以扶持。提高政府财政预算对绿色农业发展的支持，重点倾向于有利于生态环境保护、资源利用、清洁生产等方面的绿色农业发展项目。进一步提高对循环农业、农业污染治理、高标准农田等项目的建设标准以及投资的支持力度。

3. 强化绿色农业发展的科技支撑

（1）先进技术的创新与开发

第一，充分重视绿色农业技术人才。对于绿色农业而言，科学技术是第一生产力，而技术人才是生产力发展的关键。构建绿色农业技术研究团队，整合企业、科研院所以及高校的科研人才，聚集尖端科研实力，为绿色农业发展注入强大的人才动力。

第二，重视先进技术的创新与研发工作。从技术创新的角度开发绿色环保型农业技术，进一步满足绿色农业发展需求。在种植方面，开发保护性耕作技术，提升土地利用率与劳动生产技术；与此同时，加强防治技术、病虫害预测与控制技术的研究。在农产品加工方面，应创新绿色农产品加工工艺，拓展绿色农产品产业链，最大程度地提升和开发绿色农产品的附加值。通过技术创新，打造完善的绿色农业产业系统，推广应用无公害技术和清洁生产技术，最大程度地降低污染物的排放和资源的消耗。

第三，加强新技术、新科技的推广力度。将农业企业培养成农业新技术、新科技的研究与成果转化主体，并鼓励研究机构将研究成果向一线农业生产转化，积极推动各类型的农业科技服务组织参与到科技成果转化的工作当中。

（2）加大绿色农业发展的资金投入

第一，加强财政对绿色农业产业发展的资金支持。划定各级财政的财务支持范围，鼓励绿色农业主体参与到经营当中，对于涉及公共利益的社会项目，如生态环境区的保护、生态农业基础设施建设等，鼓励投资方的多元化。

第二，注重绿色农业补贴的力度与广度。提高绿色农业补贴的规模，全面提高绿色农业生产的综合能力，促进农业发展方式的转变和环境资源的保护，提升农民收入水平，促进城乡协同发展。

第三，进一步拓宽资金进入绿色农业产业的渠道。做大、做强绿色农业产业，离不开市场机制与社会资金的注入。各级政府及金融机构应加强对绿色农业发展投入的支持力度，扫清绿色农业资金投入的障碍；发挥农村信用社在绿色农业产业金融支持的作用，引导各类金融机构积极进入绿色农业，包括降低农民小额贷款的门槛，加大政府对贷款利息的补贴等；重视社会资金在绿色农业生产中的作用，健康引导民间金融组织进入到绿色农业产业。

（三）乡村土地整治

1. "土地整治+都市服务产业"，打造特色业态综合体

借助土地整治线上平台，传播土地整治价值并对接社会需求，通过市场机制筛选未来土地利用方式的"最优解"，与相关主体达成用地意向。引入创新智库，直接对接未来规划产业的用地需求，因地制宜、因用施整，提升设计施工的精细化与美学水平。借助平台吸引资源，特别是未来用地主体的投入，创新PPP、众筹等投融资模式，与后续利用无缝对接，吸引都市服务性产业进驻。

2. "土地整治+农村闲散资源"，激活乡村发展内生动力

通过土地整治工程，改变乡村零散资源的空间结构和利用组织形式，有效对接都市需求，激活乡村发展内生"造血"能力，实现乡村复兴、精准扶贫等综合目标。以"价值挖掘、深度利用"为指引，在规划设计方面，为公共服务和乡村旅游配套设施腾挪空间，对地方原生特色地形地貌和具有文化、历史价值的建筑予以保护修缮，酌情改造为旅游服务设施。

3. "土地整治+都市现代农业"，弥补健康农业产能短板

通过多功能农用地整治的"两增加"，即适度增加设施农用地比例、增加绿色基础设施，实现促进高科技农业生产技术落地、促进都市型现代农业的业态发展。运用"土地整治+现代农业"，沟通供需两端，挖掘农用地复合价值，弥补健康农产品供给、农业生态旅游等都市服务短板。

4. "土地整治+环境综合整治"，构建重大生态功能区

以重要的生态网络节点和生态保育区建设为突破口，借助土地整治平台，加强部门间规划与资源投入的协调度，有效对接社会资金、技术资源，保障土地整治顺利实施。拓展

绿地、农田、水域等生态空间，消除污染点，高效利用复垦形成的土地资源，适度增加林地面积比例，促进生态空间沟通联结；借助"土地整治+"，沟通项目区与都市区（消费市场），对各类生态空间进行保护性、有限度开发，实现"以整促绿、以绿养绿"。

（四）加强生态保护区、水源涵养区的生态功能建设

生态宜居的乡村要尊重自然环境、尊重历史肌理、尊重地域文化，加强生态保护区、水源涵养区的生态功能建设，最大限度地发挥它们美化乡村，"看得见青山，望得见绿水，留得住乡愁"的生态功能。

1. 合理引导产业发展

充分利用生态功能保护区的资源优势，合理选择发展方向，调整区域产业结构，发展有益于区域主导生态功能发挥的、资源环境可承载的特色产业，限制不符合主导生态功能保护需要的产业发展，鼓励使用清洁能源。

限制损害区域生态功能的产业扩张。根据生态功能保护区的资源禀赋、环境容量，合理确定区域产业发展方向，限制高污染、高能耗、高物耗产业的发展。要依法淘汰严重污染环境、严重破坏区域生态、严重浪费资源能源的产业，要依法关闭破坏资源、污染环境和损害生态系统功能的企业。

发展资源环境可承载的特色产业。依据资源禀赋的差异，积极发展生态农业、生态林业、生态旅游业；在中药材资源丰富的地区，建设药材基地，推动生物资源的开发；在以畜牧业为主的区域，建立稳定、优质、高产的人工饲草基地，推行舍饲圈养；在重要防风固沙区，合理发展沙产业；在蓄滞洪区，发展避洪经济；在海洋生态功能保护区，发展海洋生态养殖、生态旅游等海洋生态产业。

推广清洁能源。积极推广沼气、风能、小水电、太阳能、地热能及其他清洁能源，解决农村能源需求，减少对自然生态系统的破坏。

2. 保护和恢复生态功能

遵循先急后缓、突出重点，保护优先、积极治理，因地制宜、因害设防的原则，结合已实施或规划实施的生态治理工程，加大区域自然生态系统的保护和恢复力度，恢复和维护区域生态功能。

提高水源涵养能力。在水源涵养生态功能保护区内，结合已有的生态保护和建设重大工程，加强森林、草地和湿地的管护和恢复，严格监管矿产、水资源开发，严肃查处毁林、毁草、破坏湿地等行为，合理开发水电，提高区域水源涵养生态功能。

恢复水土保持功能。在水土保持生态功能保护区内，实施水土流失的预防监督和水土保持生态修复工程，加强小流域综合治理，营造水土保持林，禁止毁林开荒、烧山开荒和陡坡地开垦，合理开发自然资源，保护和恢复自然生态系统，增强区域水土保持能力。

增强防风固沙功能。在防风固沙生态功能保护区内，积极实施防沙治沙等生态治理工程，严禁过度放牧、樵采、开荒，合理利用水资源，保障生态用水，提高区域生态系统防沙固沙的能力。

提高调洪、蓄洪能力。在洪水调蓄生态功能保护区内，严禁围垦湖泊、湿地，积极实施退田还湖还湿工程，禁止在蓄滞洪区建设与行洪、泄洪无关的工程设施，巩固平坑行洪、退田还湿的成果，增强区内调洪、蓄洪能力。

增强生物多样性维护能力。在生物多样性维护生态功能保护区内，采取严格的保护措施，构建生态走廊，防止人为破坏，促进自然生态系统的恢复。对于生境遭受严重破坏的地区，采用生物措施和工程措施相结合的方式，积极恢复自然生境，建立野生动植物救护中心和繁育基地。禁止滥捕、乱采、乱猎等行为，加强外来入侵物种管理。

保护重要海洋生态功能。在海洋生态功能保护区内，合理开发利用海洋资源，禁止过度捕捞，保护海洋珍稀濒危物种及其栖息地，防治海洋污染，开展海洋生态恢复，维护海洋生态系统的主要生态功能。

3. 保障措施

第一，建立多渠道的投资体系。要探索建立生态功能保护区建设的多元化投融资机制，充分发挥市场机制作用，吸引社会资金和国际资金的投入。要将生态功能保护区的运行费用纳入地方财政。同时，应综合运用经济、行政和法律手段，研究制定有利于生态功能保护区建设的投融资、税收等优惠政策，拓宽融资渠道，吸引各类社会资金和国际资金参与生态功能保护区建设。要开展生态环境补偿机制的政策研究，在近期建设的重点生态功能保护区内开展生态环境补偿试点，逐步建立和完善生态环境补偿机制。

第二，加强对科学研究和技术创新的支持。生态功能保护区建设是一项复杂的系统工程，要依靠科技进步搞好生态功能保护区建设。要围绕影响主导生态功能发挥的自然、社会和经济因素，深入开展基础理论和应用技术研究。积极筛选并推广适宜不同类型生态功能保护区的保护和治理技术。要重视新技术、新成果的推广，加快现有科技成果的转化，努力减少资源消耗，控制环境污染，促进生态恢复。要加强资源综合利用、生态重建与恢复等方面的科技攻关，为生态功能保护区的建设提供技术支撑。

第三，增强公众参与意识，形成社区共管机制。生态功能保护区建设涉及各行各业，只有得到全社会的关心和支持，尤其是当地居民的广泛参与，才能实现建设目标。要充分利用广播、电视、报刊等媒体,广泛深入地宣传生态功能保护区建设的重要作用和意义,不断提高全民的生态环境保护意识,增强全社会公众参与的积极性。各级政府要通过与农、牧户签订生态管护合同,建设环境优美乡镇、生态村等多种形式,建立良性互动的社区共管机制,提高当地居民参与生态功能保护区建设的积极性,使当地的经济发展与生态功能保护区的建设融为一体。

四、政治建设

(一) 强化乡村振兴政治保障

1. 加强农村基层党组织建设

突出强化政治功能,以提升组织力为重点,把村级党组织建设成为坚强战斗堡垒,不断夯实党在农村基层执政的组织基础。扎实推进抓党建促乡村振兴,以乡村振兴成果检验基层党建工作成效。推进星级村党组织创建活动,探索开展支部联建,持续整顿软弱涣散的农村基层党组织。全面提升村级组织规范化服务建设水平,发挥村部服务群众、凝聚群众的阵地作用,提升村级党组织服务群众能力。完善村党组织领导的村民自治机制,坚持和健全农村重大事项、重要问题、重要工作由党组织讨论决定的机制。加强党风廉政建设,推行村级小微权力清单制度,加大基层微权力腐败审查惩处力度,严厉整治惠农补贴、集体资产管理、土地征收等领域侵害农民利益的不正之风和腐败问题。加大农村基层基础保障力度,推动村级组织运转经费、村级组织服务群众专项经费稳步增长。推动农村党的组织和党的工作全面覆盖。

2. 加强"三农"工作队伍建设

把懂农业、爱农村、爱农民作为基本要求,加强"三农"干部工作队伍培养、配备、管理、使用。制定并实施培训计划,全面提升"三农"干部队伍的能力水平。配强县、乡党政领导班子和农业系统干部。推进干部交流,有计划地选派省直部门、高校和科研院所优秀、年轻干部人才到县(市)、乡村挂职或任职,拓宽县级"三农"工作部门和乡镇干部来源渠道。把到农村一线工作锻炼作为培养干部的重要途径,注重提拔使用实绩优秀的干部,形成人才向农村基层一线流动的用人导向。加强村党组织"带头人"队伍建设,从第一书记、科技特派员、离任党员领导干部和外出务工经商人员、大中专毕业生、复员退伍军人等群体中,选一批、派一批、引一批,建设一支结构合理、素质优良、活力较强的村党组织"带头人"队伍,适应乡村振兴需要。

3. 凝聚推进乡村振兴强大合力

以乡情乡愁为纽带，发挥工会、共青团、妇联、科协等群团组织的优势和力量，发挥各民主党派、工商联、无党派人士等积极作用，吸引社会各界投身乡村建设。加大宣传力度，讲好乡村振兴故事，宣传各地区各部门推进乡村振兴的丰富实践，振奋基层干部群众精神，营造全社会关心、支持、参与落实乡村振兴战略的浓厚氛围，加强乡村统计工作和数据开发应用。从实际需要出发，研究制定促进乡村振兴的地方性法规、规章，把行之有效的乡村振兴政策法定化，发挥立法在乡村振兴中的保障和推动作用。

（二）加强农村基层基础工作，创新乡村治理体系

社会治理主要是政府和社会组织为促进社会系统协调运转，对社会系统的组成部分、社会生活的不同领域以及社会发展的各个环节进行组织、协调、监督和控制的过程。社会治理的基本任务是规范社会关系、处理社会问题、规范社会行为、化解社会矛盾、促进社会公正、应对社会风险、促进社会稳定、保障人民群众的权益及其实现。社会治理是公共权力的运作和实现，社会的稳定、平安、和谐是社会治理所要达成的直接目标。推进乡村社会治理就是要实现乡村社会依法、有序、健康的发展。发展是社会进步的永恒主题，也是满足人民对美好生活需要的根本途径。按照中央提出的"五位一体"的总体布局和"五化同步"的发展战略，落实五大发展理念，加快从数量增长向质量发展转型，既要发挥市场在要素配置中的决定作用，也要更好地发挥政府作用。着力夯实基层基础，建立健全党委领导、政府负责、社会协同、公众参与、法治保障的现代乡村社会治理体制，推动社会治理和服务重心向基层下移，坚持自治、法治、德治相结合，确保乡村社会充满活力、和谐有序。

1. 深化村民自治实践

坚持自治为基，始终坚持农村基层党组织领导核心地位不动摇，健全和创新村党组织领导的充满活力的村民自治机制。依法加强村级民主选举，推动村党组织书记通过选举竞选村委会主任。强化村级民主监督，加强村务监督委员会建设，推进村务公开程序化、规范化、制度化。加强民主管理，发挥村规民约、村民自治章程积极作用。丰富基层民主协商的实现形式，引导村民通过村民会议、村民代表会议、村民小组会议等方式协商解决问题。持续推进农村社区建设，实现农村社区全覆盖。创新基层管理体制机制，整合优化公共服务和行政审批职责，打造"一门式办理""一站式服务"的综合服务平台。在村庄普遍建立网上服务站点，逐步形成完善的乡村便民服务体系。发展壮大新型村级集体经济，

增加集体经济收入。

2. 建设法治乡村

坚持法治为本，树立依法治理理念，强化法律在维护农民权益、规范市场运行、农业支持保护、生态环境治理、化解农村社会矛盾等方面的权威地位。增强基层干部法治观念、法治为民意识，加强基层干部依法办事能力建设，将政府涉农各项工作纳入法治化轨道。深入推进综合行政执法改革向基层延伸，推动执法队伍整合、执法力量下沉。建立健全乡村调解、县市仲裁、司法保障的农村土地承包经营纠纷调解机制。加强农村法治宣传教育，引导群众尊法、学法、守法、用法，依法表达诉求、解决纠纷、维护权益。加强对农民的法律援助和司法救助，力争形成覆盖城乡、功能完备、便捷高效的公共法律服务网络体系。

3. 提升乡村德治水平

坚持德治为先，以德治滋养法治、涵养自治，让德治贯穿乡村治理全过程。深入挖掘乡村熟人社会蕴含的道德规范，结合时代要求进行创新，强化道德教化作用，引导农民向上向善、孝老爱亲、重义守信、勤俭持家。建立道德激励约束机制，引导农民自我管理、自我教育、自我服务、自我提高，实现家庭和睦、邻里和谐、干群融洽。深入开展"文明家庭"创建活动，开展"好婆媳、好丈夫、好少年、好邻里"等系列评比活动，培育团结互助、扶困济贫、平等友爱、融洽和谐的农村社会氛围。

4. 加强乡村社会治安综合治理

完善县乡村综合治理工作机构，实行干部联村维稳制度，加快推进农村社区网格化管理。推进农村"雪亮工程"建设，持续开展农村安全隐患治理，加强农村警务、消防、安全生产工作，坚决遏制重特大安全事故。

5. 探索"政经分开"的乡村社区治理方式

农业组织形式和生产方式的转变要求创新乡村治理机制。理顺农村集体经济组织、农村股份合作经济组织与"村两委"的关系，"政经分开"是未来我国乡村社区治理方式改革的可行方向。深化"政经分开"改革，进一步剥离村"两委"对集体经济的经营管理职能，以及农村自治组织的行政职能和自治职能。基层自治组织"两委"班子成员不兼任集体经济组织领导成员。切断基层自治组织凭借党组织关系对集体经济组织进行直接管理和干预的渠道。引导农村从集体经济组织包揽社区公共服务费用转向由享受服务的居民付费，其运作模式可仿照行业协会。集体经济组织社区公共服务支出视为参与公益事业，应享受税前抵扣。股份制改革可以成为农村集体经济组织改革的最优选择，却不应是唯一选择。建议：集体经济组织广泛引入企业经营管理制度；尽快立法赋予农村集体经济组织法人身份和地位，明确规定其可享有的税收优惠政策；同时，继续加大政府对社会组织的培育力度，提高公众参与社会公共事务的主动意识和能力，推动社会组织参与社区民主议事、民主监督和民主管理。"政经分开"改革要求集体经济发展必须达到一定水平，且对地方财政提出较大挑战，应因地制宜地推广"政经分开"的改革经验。

第四章 乡村振兴战略与乡村人才

第一节 乡村振兴需要乡村人才

乡村振兴，人才为要。实施乡村振兴战略，推进乡村全面振兴必须贯彻落实人才强国战略、坚持人才优先发展战略，补齐乡村人才资源短板。通过分析人才总量不足、素质不高、流失严重、培养与需求脱节、工作机制不健全等方面乡村人才队伍建设中存在的问题，坚持问题导向和目标导向，从顶层设计、创新体制机制、分类施策、抓好重点群体人才培养等方面提出对策建议，加快促进乡村人才队伍建设大发展和人才振兴，从而带动乡村各项事业的发展，促进乡村的全面振兴。

乡村振兴涉及农村经济、政治、文化、社会、生态文明建设和党的建设各个方面，实现乡村振兴产业兴旺、生态宜居、乡风文明、治理有效、生活富裕的"20字"总要求，推进乡村产业、文化、生态和组织振兴等，这些都离不开乡村人力资源的开发和人才的支撑，因此乡村振兴，人才为要；只有人才兴，乡村才能兴。实施乡村振兴战略，必须牢固树立人才资源是第一资源的理念，把人力资本开发放在乡村开发的首要位置，把社会各类英才吸引到乡村来创业创新创造，大力推进乡村人才工作体制机制创新，打造一支强大的专业类别齐全的乡村发展急需的乡村人才队伍，为乡村全面振兴提供坚强的人才保障和智力支持。

一、乡村人才振兴是乡村全面振兴的前提

习近平总书记高度重视人才工作，多次强调指出，人才资源是经济社会发展的第一资源，千秋大业，人才最为重要。在实施乡村振兴战略中，也离不开乡村人才作用的发挥，要把乡村人才振兴作为推进乡村全面振兴的前提和基础。

（一）实施人才强国战略迫切需要乡村人才振兴

中国人口总量大，水、耕地等资源人均占有量低，这一基本国情决定了中国农业农村发展不能采用高投入、高消耗和低产出的发展模式，必须坚持以人为本、走人才强国之

路,把发展方式转到依靠科技进步和劳动者素质提高的轨道上来。因此实施乡村振兴战略,推进乡村全面振兴,实现城乡一体化发展,必须坚持依靠人才、走人才振兴带动全面振兴之路。

(二) 实施乡村振兴战略迫切需要发挥人才是第一资源的作用

功以才成,业由才广。在生产力各要素中,劳动力是最积极、最活跃的因素,是诸要素中的主导因素。人才是实现民族振兴、赢得国际竞争主动的资源。国家的繁荣富强靠人才,民族的昌盛兴旺靠人才,各项事业的发展进步同样靠人才。实施乡村振兴战略,统筹推进乡村产业、生态、文化和组织的振兴,实现产业兴旺、生态宜居、乡风文明、治理有效、生活富裕的总要求,必须牢固树立人才资源是第一资源的理念,必须依靠广大乡村各类人才的智慧和奉献。没有强大的人才队伍做后盾,没有乡村人才队伍的建设和振兴,实施乡村振兴战略就是无源之水、无本之木。

(三) 实施乡村振兴战略迫切需要补齐乡村人才短板

进入新时代,中国社会的主要矛盾已经转化为人民日益增长的美好生活需要和不平衡不充分的发展之间的矛盾,而城乡之间发展的不平衡是最大的不平衡、乡村发展的不充分是最大的不充分。造成这种发展不平衡不充分的原因很多,但广大乡村的管理、技术、资金、资源、人才的不足,尤其人才的严重不足是重要原因。乡村人才资源匮乏,人力资源素质相对较低,人力资本投资严重短缺,人才资源开发和发展的滞后制约了乡村各项事业的发展。实施乡村振兴战略,推进乡村全面振兴,必须首先补齐乡村人才资源短板,在充分发挥乡村本土各类人才作用的同时,吸引全社会英才投身到广大乡村事业发展之中,让各类能人志士在广阔的农村大展才华、为乡村振兴做出应有贡献。

二、乡村人才分类

乡村人才包涵广泛,目前对乡村人才还没有一个准确的定义和分类。有地方将乡村人才划分为县区层面人才和乡镇层面人才,把乡镇人才划分为党政人才、教育系统人才、医疗卫生系统人才、农村实用人才和村干部等。乡村人才分为促进产业兴旺的农业经营管理人才、新型职业农民、农业科技人才、农村电商人才,促进生态宜居的环境治理人才和景观设计人才,促进乡风文明的文化传播人才,促进治理有效的乡村管理人才,促进生活富裕的教育和医疗方面的人才。可见从不同的角度,乡村人才有不同的划分方法和类别。

根据乡村工作的特点和要求,以及人才在乡村振兴中发挥的作用,本书中所指乡村人才只限于生活、工作在乡镇、村组的各类人才。按照乡村人才的岗位、履职和发挥的作用，本书把乡村人才划分为乡镇干部、教育工作者、医疗卫生工作者、村干部、农村实用人才和新型农民等几类。

（一）乡镇干部

乡镇干部主要包括乡镇党政各部门的公务员，以及民政、税务、农技推广、动物疫病防控、电力等乡镇事业单位从事管理与公共服务的干部职工。

（二）教育工作者

教育工作者主要包括在乡镇中心学校、村小学、幼儿园工作的教职员工。受乡村学校调整和撤并条件、待遇等方面的影响，这支队伍流动性很大，且有相当大比例的聘用教师。

（三）医疗卫生工作者

医疗卫生工作者主要包括在乡镇卫生院、村卫生室工作的医务、计划生育、卫生防疫等工作的人员。

（四）村干部

村干部主要包括村两委班子成员、妇委会主任、治保主任等，是乡村事业发展的组织者和重要推动者。乡村组织振兴离不开最基层村干部作用的发挥。自建立大学生"村官"和村第一书记制度以来，村干部队伍得到极大加强。

（五）农村实用人才

农村实用人才是指具有一定知识和技能，为农村经济和科技、教育、文化、卫生等各项事业发展提供服务，起到示范和带动作用的农村劳动者，主要包括新型农业经营主体带头人、家庭农场主……及能工巧匠、文化传承人、传统工艺制作人等，其中一部分也属于新型农民范畴。

（六）新型农民

新型农民是指生活在农村、以务农为主要生活来源的劳动者。他们是农业农村劳动力中具有较高素质、水平和能力的群体，是乡村产业发展的生力军。这里所指的新型农民与传统农民不同，他们一般都接受过文化教育和专业知识培训，具有市场意识和较高的经营意识，如种植能手、养殖能手、农村经纪人等，其中一部分也属于农村实用人才范畴。

三、加快推进乡村人才振兴对策建议

(一) 做好顶层设计

乡村人才开发，如果仅仅依靠市场在资源配置中的决定性作用可能会失灵，必须更好地发挥政府的宏观调控作用。为把乡村人力资源开发放在首要位置落到实处，中央应站在全局高度，做出顶层设计和规划，出台乡村振兴人才发展规划纲要，制定加快培养"一懂两爱""三农"工作队伍的指导性意见，对乡村人才进行科学分类或梳理，明确加强乡村人才以及"三农"工作队伍的目标任务、工作重点，提出乡村人才工作优先发展的支持政策。乡村人才数量庞大，人才队伍建设又涉及组织、人事、教育、卫生、社保、农业农村等多个部门，应明确涉及的各相关部门职责任务，营造出全社会加强乡村人才队伍建设的良好氛围，推进乡村人才队伍建设走向制度化、规范化、常态化的轨道。各地依据中央规划纲要和指导性意见，结合本地实际情况制定出台实施意见或工作细则。全国从上到下"一盘棋"，建立起多部门合作机制，涉及乡村人才工作各有关部门都能各司其职，齐抓共管，形成合力，方可共同推动乡村人才优先发展政策落地。

(二) 创新体制机制

乡村人才中除乡镇干部职工、绝大部分教育卫生工作者是体制内人员，更多的属于体制外人员，按照传统人才工作思路、方式方法是行不通的，因此必须立足乡村人才特点和实际，深化工作的体制机制改革，创新乡村人才培养、使用、开发、引进、管理、使用等制度。建立乡村人才分类培养机制，加大乡镇干部和村干部乡村治理能力培养，建立乡村教育、卫生、农业农村专业技术人员继续教育制度，加强农村实用人才和新型农民专业技能培训。建立乡村人才分类评价机制，对乡村人才实行分类评价，以能力、业绩、贡献为导向，对乡镇干部和村干部重点考核乡村产业发展、社会治理等方面的业绩，对乡村专业技术人才重点考核服务农民的能力、服务的效果和农民的认可度，对农村实用人才重点考核带领农民致富的成效。建立乡村人才流动机制，破除身份、学历、地域、人事关系等条条框框，加大人才引进力度，鼓励外出能人、大中专毕业生、科技人员、退役军人等返乡创业，鼓励大学生"村官"扎根基层，广泛吸纳各类精英扎根乡村为乡村振兴做贡献。建立乡村人才激励机制，对长期在乡村基层一线工作人员在待遇、职务、职称等各方面予以倾斜，而且倾斜力度还要大，使其在政治上受到应有重视、在社会得到应有地位、在经济

上获得应有报酬，吸引人才扎根农村，在广阔农村舞台奉献青春和大展才华。

（三）分类施策

乡村人才类别多，不同类型乡村人才有不同的特点和成长规律，应实施差别化政策和强化方案，采取有针对性措施，定向发力。对基层农技人员要科学设定评价标准，设立专门的评委会单独进行职称评审，要大幅度提高乡镇高级岗位设置比例，用政策和机制吸引他们愿意为农民提供技术服务。对作为乡村振兴主要依靠力量的农村实用人才和新型农民，国家在强农惠农富农政策方面要向乡村人才倾斜。

（四）突出重点群体

通过抓重点，突出抓好乡村各类人才的骨干力量，以点带面，带动乡村人才振兴，从而推动乡村全面振兴。着力强化村干部队伍建设，选配有朝气、有干劲、有奉献精神，愿意为农村发展贡献青春和才华，且熟悉农村工作的年轻人来担任村支书和村主任，使其成为乡村振兴的带头人、乡村组织振兴的领头羊。着力抓好各类新型农业经营主体领办人和返乡创业农民工队伍建设，他们既熟悉农业农村，又懂得经营管理和市场营销，是农村实用人才中的骨干，要将其培养成有文化、懂技术、会经营、能创新的新型农民，使他们成为乡村产业振兴的主力军。着力抓好乡村教师、乡土文化能人、传统技艺传承人等人才队伍建设，使他们成为乡村文化振兴的带头人和重要推动者。

乡村振兴，人才须先行，只有人才兴，乡村才能兴。在实施乡村振兴战略中要把人才资源是第一资源的理念落到实处，坚持人才资本优先投资、人才资源优先开发，大力推进乡村人才工作体制机制创新，努力在乡村广阔舞台上汇聚起农业农村现代化建设的各类英才，以乡村人才的全面开发和振兴，推动乡村各项事业的全面发展和振兴。

第二节 乡村振兴战略的核心驱动要素——人才支撑

一、乡村振兴战略的价值

（一）本质：回归并超越乡土中国

实施乡村振兴战略的本质是回归并超越乡土中国。中国从传统上看是一个乡土性的农业国,农业国其文化的根基就在于乡土,而村落则是乡土文化的重要载体。振兴乡村的本质,便是回归乡土中国,同时在现代化和全球化背景下超越乡土中国。一方面,这体现了中华传统精神,契合了中华民族对土地、对乡村的依恋,继承了五千年以来的农业传统。古代中国,深深地烙上了农业国的印记,人民对土地的依赖程度是现代人无法想象的,农业传统深深地融入了中华儿女的血脉中。另一方面,乡村振兴,绝不是单单地重复历史上的农业改革,有着特定的历史特征。第一,其植根于改革开放40多年的历史节点,植根于国际国内形势纷繁发展的改革大潮中。乡村振兴是改革、发展的基础,是中华民族伟大复兴的强大助力。第二,今日的乡村振兴战略,是在统筹了乡村各种产业、各种要素,根据乡村具体情况制定的振兴战略,其外延不仅涉及乡村农业,还涉及工业和第三产业等,其内容不仅关注粮食问题,而且关注产业、人才、文化、生态和组织问题,是站在高起点上的统筹规划。

综上所述,乡村振兴战略即是回归乡土中国,从某种意义上说,超越了乡土中国,它是当代农村改革与发展的强大助力。

(二) 核心:解决"三农"问题

实施"乡村振兴"战略,核心是从根本上解决"三农"问题。中央制定实施乡村振兴战略,是要从根本上解决目前我国农业不发达、农村不兴旺、农民不富裕的"三农"问题。通过牢固树立创新、协调、绿色、开放、共享"五大"发展理念,达到生产、生活、生态的"三生"协调,促进农业、加工业、现代服务业的"三业"融合发展,真正实现农业发展、农村变样、农民受惠,最终建成"看得见山、望得见水、记得住乡愁、留得住人"的美丽乡村、美丽中国。

二、现代农业、农业供给侧结构性改革和乡村振兴战略

(一) 乡村振兴与农业现代化

农业和农村的现代化中,农业现代化则扮演着基础作用。所以,"产业兴旺"放在20字方针的首位,无疑凸显了农业现代化的重要地位。只有产业兴旺了,才能提高收入水平、吸引城乡的青年才俊不断投身乡村产业发展中,只有人力资源丰富,农村繁荣才有希望。因此,加快构建现代农业产业体系、生产体系和经营体系,提高农业创新力、竞争力和全要素生产率,既是我们从农业大国向农业强国转变的前提,也是实现乡村振兴的基础。因此,研究认为乡村振兴与农业现代化的关系是:乡村振兴是目标,农业现代化是

基础。

1. 农业现代化发展有助于夯实农业生产能力

当前,现代农业产业体系、现代农业生产体系和现代农业经营体系的打造已是农业现代化建设的重点内容。

与传统农业产业体系不同,现代农业产业体系具有完善的现代产业组织体系、先进的生产要素投入、高效的市场化运作、合理的产业布局、多元化的产业功能等"现代"特征,其主要特征是农业产业发展中突出高新技术的现代性,展示出现代农业产业体系的核心竞争力。

现代农业生产体系是现代农业生产力发展水平的显著标志。构建现代农业生产体系,要用现代物质装备武装农业,用现代科学技术服务农业,用现代生产方式改造农业,实现农业发展从拼资源、拼消耗向依靠科技创新和提高劳动者素质转变。提高资源利用率、土地产出率和劳动生产率,增强农业综合生产能力和抗风险能力,从根本上改变农业发展依靠人力畜力、靠天吃饭的局面。加快推进农业机械化,加强农业与信息技术融合,发展智慧农业,提高农业生产力水平是完善现代农业生产体系的前提。

构建现代农业经营体系,就是要加大体制机制创新力度,培育规模化经营主体和服务主体,加快构建职业农民队伍,形成一支高素质农业生产经营者队伍,促进不同主体之间的联合与合作,发展多种形式的适度规模经营,提高农业经营集约化、组织化、规模化、社会化、产业化水平。

2. 农业现代化发展有助于农村第一、第二、第三产业的融合发展

农业现代化的三大体系的建设中,现代农业的经营体系的打造尤为重要。因为它是农业现代化发展的一个重要标志,也是现代农业与传统农业区别的重要标准。现代农业经营体系一方面可以通过农业产业链和价值链的建设,培育融合主体,创新融合方式,拓宽农民增收渠道,更多分享增值收益来实现。另一方面可以通过积极推进农业与旅游休闲、教育文化、健康养生等深度融合,发展观光农业、体验农业、创意农业等新业态,激活农村要素资源来实现。因此,农业现代化发展既有助于农村第一、第二、第三产业融合发展,又有助于夯实乡村全面振兴的基础层面。

3. 农村现代化发展有助于促进小农户和现代农业发展的有机衔接

现代农业中,覆盖全程、综合配套、便捷高效的农业社会化服务体系是实现农业现代化的重要支撑。可以通过以下几个方面的努力来尝试,一是发展多样化的联合与合作,培育壮大生产经营性组织,提升小农户组织化程度,使小农生产与现代农业生产更靠近;二

是推进农业生产的社会化服务,拓展农业社会化服务的形式,打开小农参与现代农业的更多通道;三是发挥新型农业经营主体带动作用,重视品牌打造,开展农超对接、农社对接,在小农户与市场间搭建桥梁;四是扶持小农户发展经营多种农业形态,如生态农业、设施农业、体验农业或定制农业,提高产品档次和附加值,拓展增收空间。

(二) 乡村振兴与农业供给侧结构性改革

人们在自己生活的社会生产中发生一定的、必然的、不以他们的意志为转移的关系,即同他们的物质生产力的一定发展阶段相适合的生产关系。这些生产关系的总和构成社会的经济基础。物质生活的生产方式制约着整个社会生活、政治生活和精神生活的过程。"三农"领域里,只有牢牢抓住农业供给侧结构性改革这条主线,才能在实现产业兴旺的基础上,真正实现生态宜居、乡风文明、治理有效、生活富裕。因此,研究认为乡村振兴与农业供给侧结构性改革的关系是:乡村振兴是目标,农业供给侧结构性改革是主导,以农业供给侧结构性改革为抓手和主线实现乡村振兴。其基本逻辑可以概括为:中国梦—发展—新的历史方位—由高速增长阶段转向高质量发展阶段—建设现代化经济体系—实施乡村振兴战略—以供给侧结构性改革为主线。

1. 积极调整农业产业结构,着力提高综合效益

农业供给侧结构性改革为主线,推动农业农村现代化。也要求各乡村基层党委和政府在抓好经济社会发展的同时,要高度重视农业供给侧结构性改革,积极推进农业结构调整,努力走出一条夯基础、育产业、创品牌、促增收的现代农业发展路子。而只有通过不断调整农业产业结构和提升农产品质量来满足市场需求才能实现农业效益的提升和农民增收的目标。

2. 大力发展绿色农业,着力提升供给质量

当前中国消费者的消费敏感性已从"价格敏感"转为"质量敏感",消费需求上也出现了对绿色、安全农产品的渴望。因此,围绕实现农业绿色发展,推广生态循环农业,不断优化农业生产环境,提高农产品的质量效益和品质竞争力,一方面有助于生态宜居和美丽乡村的建设,另一方面有助于实现农业的转型升级。

3. 推进三次产业融合,着力提升供给质量

目前,我国农业产业链短,农村第二、第三产业发展严重不足导致农村空心化、老龄化和农民收入增长缓慢等问题。因此,如何拓展产业链、提升价值链是乡村振兴战略的核心要务。今后的工作重点要注重拉长农业产业链条,促进农业生产要素跨界配置和有机整

合，加快农村第一、第二、第三产业融合发展。可以大力发展农产品精深加工；以培育农业产业化集群为载体，强化科技支撑，加强配套建设，促进农业产业集聚发展；加快发展各类农业形态，积极开发农业多种功能。通过第一、第二、第三产业的整合发展，产业链条的延伸打造带动农民参与，实现农业的产业兴旺，促进农民增收，完成农业供给侧结构性改革的重要任务。

4. 深化农村改革

农村集体经济发展不足，人、地、财等资源要素逆农业农村流动，促使农村集体产权制度改革滞后和乡村治理危机等问题凸显。为了解决这些问题，要深化农村产权制度改革，保障农民财产权益，壮大集体经济，要加强农村基层基础工作，健全自治、法治、德治相结合的乡村治理体系和培养造就一支懂农业、爱农村、爱农民的三农工作队伍。深化农村改革是农业供给侧结构性改革和乡村振兴的动力保障。

(三) 现代农业、农业供给侧结构性改革和乡村振兴战略的关系讨论

中央一号文件多年相继提出了发展现代农业、农业供给侧结构性改革和乡村振兴战略，从三者的内在逻辑联系可以看出党中央对农业农村问题的思考脉络：乡村区域性发展要以经济发展为基地，而乡村的经济基础在农业，要依靠农业现代化来实现乡村经济的腾飞。农业如何现代化、农业现代化要达到什么目标、解决什么问题则要以供给侧结构性改革为主导和依据。农业质的提升并不能必然带来"三农"问题的解决，需要乡村实现全面进步才行，因此，国家提出乡村振兴战略。

可以说，乡村振兴首先在产业振兴。实现产业振兴要通过构建现代化的农业产业体系、生产体系、经营体系来实现农业的现代化。而构建农业产业体系，要以市场需求为导向，大力推进农业供给侧结构性改革，从农业产业体系整体谋划。综上所述，研究认为在三者的关系上，乡村振兴是目标，农业供给侧结构性改革是主线，农业现代化是基础。

三、乡村振兴的驱动要素

乡村振兴的驱动要素，学者们讨论会从不同的分析视角给出不同的分类。有的主张制度创新、产业发展、市场引入、人才支撑、科技助力是乡村振兴发展的动力源；有的提倡牢记40年农业发展的成功经验：制度创新、技术进步、市场改革和生产力投入四大驱动力；有的从更宏观的视角提出乡村振兴发展要内外结合，坚持激活市场、激活主体、激活要素、激活政策、激活组织的五个激活，驱动（政府主导、农民主体、科技支撑、企业助力、社会参与）五位一体协同，乡村与城市、政府与市场、人口与流动、表象与实质、短

期与长期的五大关系协调的三大推进路径。本书则从内、外源动力视角来探索乡村振兴实现的主要障碍。

（一）内源动力

乡村振兴的内源动力来自农民对美好生活需求和乡村繁荣发展的期望不断提升，依赖于乡村振兴战略参与主体作用的发挥。

1. 参与主体

增强乡村内生动力成为学界共识，乡村社会内生动力需要农民个体、农民组织和基层组织协同发挥作用。乡村振兴战略的实施，不能没有村民的参与，如果农民在乡村建设和发展中集体"失语"会导致乡村振兴成为纸上谈兵。

2. 组织形式

如何发挥乡村振兴中农民的主体作用，要通过提高农民组织化程度、提升农民内在组织能力来实现。一方面，强调村社集体经济发展对于乡村振兴战略的作用。村社集体的社会功能是传统村社共同体功能的延续，延续力量主要依靠村社机体内存在的三种组织：党支部、村民委员会和村集体经济组织。

（二）外部动力

1. 制度保障

中国农业发展的经验告诉我们，调动和激发农民的生产积极性是核心和关键，而调动和激发往往是通过制度创新来实现的。因为制度具有指导性和约束性，一方面它可以指导全社会朝着共同的方向去努力和奋斗，另一方面它也对努力的过程进行规范和约束。从历史经验判断，乡村振兴建设的制度保障和政策引导依然是重要的外部动力。除了一般意义上的引领作用外，制度保障还是破除发展难题的重要手段。乡村振兴建设进程中，制度保障的作用主要体现在农村土地制度改革和农村集体产权制度改革。深化农村土地制度改革要做到以下几点：推进农村承包地所有权、承包权、经营权的三权分置，赋予农民对承包地及宅基地的占有、使用、收益、处分权能，激活农民土地的经营权、宅基地的资格权和房屋的财产权；稳定土地承包关系长久不变，给广大农民、农业经营主体和农业投资者吃下定心丸；建成农村产权交易市场体系和金融支持系统，为农民流转土地、盘活闲置宅基地开辟更多渠道。深化农村集体产权制度改革要做到以下几点：做好顶层设计；建立健全归属清晰、权能完整、流转顺畅、保护严格的集体产权制度；构建符合市场经济要求的集体经济运行新机制；抓好农村集体资产清产核资，对集体经济组织成员身份进行确认，做好资产折股量化到人的工作；推动农村"三变"，以股份合作、资产租赁、集体经营等多种形式发展壮大集体经济，盘活农村集体资产；成立集体资产经营管理机构，代表集体对资产进行经营、管理和保护。

2. 市场作用

除了政府的作用外，还必须发挥市场主体的作用。在乡村振兴战略中，必须引入市场机制，发挥市场主体的作用。农村金融应该从构建现代农业经营体系、加大农村生态环境保护与建设的金融要素投入力度、加大文化产品与服务供给、支持农户生产生活贷款五方面给乡村振兴战略以支持。从实现乡村振兴的外部动力来看，释放农业农村活力，加大农业科技基础设施、财政税收、金融保险、收入保障等方面的政策支持力度是政府的主要职责。而提升各类新型农业经营主体的积极性，发挥资源配置中的决定性作用则是市场需要发挥的功能。

四、人才支撑是核心

根据马克思主义哲学关于内因外因的基本原理，内源动力是根本性、决定性动力的观点，乡村振兴的驱动要素中，参与主体（人）是居于核心地位的动力。

如果说科技是第一生产力，人才就是第一生产资源。一直以来，我国农村经济社会发展屡遭"瓶颈"在很大程度上源于高层次、高素质人才的匮乏。乡村振兴是涉及经济、政治、文化、社会建设的系统工程，没有一支数量充足、结构合理、素质较高的农村人才队伍作为保障，乡村振兴就难以取得重大成就。所以，乡村振兴必须人才先行，扎实推进农村人才建设，培养出大批能够满足社会主义新农村建设要求的各类人才，为乡村振兴建设提供强大的智力支撑和人力资本。

（一）乡村振兴之人才支撑

实施乡村振兴战略，需要产业的支撑，而产业的发展离不开人才的支持。所谓："功以才成，业由才广。""实施乡村振兴战略，必须破解人才'瓶颈'制约"，"要把人力资本开发放在首要位置"，这些提法充分说明了人力资本是乡村振兴的关键要素之一，尤其是在当下推进农业供给侧改革、加快现代农业建设的浪潮中，没有一支高素质的人才队伍，再美好的目标也难以实现。

在推进乡村振兴的过程中，人才是创业创新的支柱，只有人才支柱稳固，才能筑起新时代农村建设的大厦。因此，推进乡村振兴必须建立稳固的人才队伍。另一方面，要激发人才的无限活力，使外部人才因发展机遇而走进乡村，使内部人才因心怀乡情而留在乡村。激励广大人才在广阔的农村沃土大显身手、尽展才华，使人才这一"第一资源"开启乡村振兴的动力引擎，才能有效地将人才、资金、土地、技术及产业汇聚起来，形成乡村振兴的新局面。

（二）人才需求类型

乡村振兴是今后乡村的主要发展目标，但农业供给侧结构性改革是发展主线的抓手，实现农业现代化是发展的基础。因此，乡村振兴的人才需求必须满足乡村整体推进的发展需求。具体需要的人才类型如下。

1. 乡村产业振兴人才

产业振兴是前提，农村产业振兴人才既要满足可以带动产业兴旺的要求，又要满足农业供给侧结构性改革和农业现代化的要求。农村产业振兴人才主要有如下几类。

农业生产类人才。这类人才包括最广大的农民和新型职业农民（生产经营型和专业技能型），特别是新型职业农民是未来农村生产类人才培养的主要目的和方向。农业供给侧结构性改革，亟须一支新型职业农民队伍，通过新知识、新技能的提升，让他们成为质量兴农、绿色兴农的主力军，支撑现代农业产业体系、生产体系、经营体系的建设，促进农业创新力、竞争力和全要素生产率的提高。他们要热爱农业、思想活跃、勇于创新、有理想、懂技术、会经营、善管理、能致富。未来的农业生产人才只有从传统农业生产者转变为现代农业生产者，才能适应农业供给侧结构性改革和现代农业的发展要求，才能助力乡村第一产业。同时，伴随着大数据时代的来临，农业农村部主导的"互联网+"农业活动正在稳步推进，未来农业将走向数字农业和智慧农业，将不断涌现智慧农业林业水利工程和物联网及遥感技术的应用，农业生产类人才还应具有大数据、智慧农业的发展意识和学习意识。

农业经营类人才。经营人才不但是乡村振兴的营销主体，还是现代农业的推广主体。这类人才一般具有市场意识、品牌意识和质量意识。

所谓市场意识即是能了解市场需求，对市场变化非常敏感，并能及时将市场动态反馈给生产者，帮助生产者提前调整农业产业结构，拟定生产计划，规避市场风险，有效把控成本；所谓品牌意识即是能迎合市场竞争需求，体现特色，突出品牌，赋予农产品内涵和附加值；所谓质量意识即能够坚持和推进程序标准化和质量绿色化的农业生产，不断提高农产品质量和食品安全标准满足市场的需求。这类人才中最具有代表性的是农村经纪人，他们是农业生产者与农产品市场联系的纽带，不仅了解市场经济、法规政策、经营管理和国际贸易，还具备良好的职业道德，诚实守信，合法经营。

农业农村的服务类人才。对于农村产业振兴，国家一直强调农村第一、第二、第三产业要融合发展，大力开发农业多种功能，延长产业链、提升价值链、完善利益链，就是要从产业链上突破以往主农业单一产业发展的弊端，拓展农业产业化发展的内涵。从产业视角来看，主要包括农业加工业人才和农业服务业人才，既满足农产品精深加工的市场需求，又满足农业多功能的服务需求；从具体内容来看，大致包括农业科技人才、咨询人才、领头人、技术专家、企业家、创业者等。现代农业的发展对科技进步的依赖性日益增强，广大农村将会需要大量掌握农林牧渔业方面的知识和新材料等技术的农业科技人才以及推广咨询人才。

乡村发展示范类人才。俗话说，"火车跑得快，全靠车头带"，同样，乡村振兴也需要挖掘一批能干的"带头人"或"村社能人"。他们可以是农村种养大户，或是农村龙头企业、农民合作社、家庭农场领头人，或者是回归农村的乡贤，是一批真正能引领乡亲共同致富、繁荣乡村的能人。

2. 乡村人才振兴

人才振兴是关键，乡村的人才振兴需要以下三个方面：一是农村教育类人才，这一类人才主要指的是懂得农村教育规律，善于教书育人的农村教育管理干部和广大教师。他们的使命主要是培养和教育乡村儿童、少年，为家乡建设贡献力量。但当前我国农村教育师资队伍数量不足，且水平参差不齐、人员结构不合理，要想大力发展农村教育，急需一大批热爱农村教育事业，勇于献身农村教育的工作者。二是农业推广类人才，他们负责向农民传授科学文化知识，开展农民技能培训。三是人才管理服务类人才，主要指导县、乡、村的干部为乡村人才提供发展平台，为乡村能人创造发展机遇，为乡村"领头雁"打造培育土壤。

3. 文化振兴人才

文化振兴是引领。乡村的文化振兴除了依靠农村教育类人才外，还要依靠以新型职业农民为主的现代农民、乡贤、新乡贤和小农素质的提升。新型职业农民一般具有较强的现代农业知识和现代农业发展意识，同时热爱农村、热爱农业。乡贤和新乡贤是乡村的能人，往往见多识广，思路开阔，既能传承传统文化，又能将乡村文化创新发扬。另外，乡村文化振兴是全体农民共同建构的结果，这需要小农通过农民素质教育和现代农业推广等方式共同发力，整体提升小农的素质水平，能够遵守党规党纪，遵守村规民约，遵守家规家训，传递并发扬"遵规守纪、邻里和睦、环境整洁、家庭和睦、诚信致富"的文化风气,实现乡村文化的继承与发展。

4. 生态振兴人才

生态振兴是底色,乡村生态振兴需要全体农民的共同努力。一方面,在农业生产方式上,发扬传统农耕文明的优良传统,摒弃不可持续的农业生产方式。另一方面,强化生态环保意识的培养,携手共建美好家园。农民生态环保意识的培育需要大量的现代农业推广人才将绿色、环保、可持续的生产生活方式和理念通过现代农业推广和传播的手段传递给广大农民。

5. 组织振兴人才

组织振兴是基础,乡村组织振兴离不开农村管理人才,主要包括县委书记、乡镇干部、村干部等。党管农村工作是乡村振兴的基本原则,农村基层干部则是推动乡村振兴的核心力量。农村管理人才工作在基层第一线,是国家政策落地的执行者,是衔接乡村与国家的纽带。实施乡村振兴战略,需要打造一支能吃苦、会发展、肯奉献的高素质专业化干部队伍。选准配强村级党组织班子,既是增强农村基层组织、发挥战斗堡垒作用的基础,也是推进社会主义新农村建设的关键。新时代对农村管理人员提出了更高的要求,农村也需要一大批思想解放、勇于实践、政治素质高、有文化、有技术、懂管理的高素质管理队伍。

第五章 乡村振兴战略下特色农业应用型人才的培养

第一节 特色农业应用型人才培养的理论

一、基本概念及类型

（一）农业、现代农业、特色农业

农业是通过培育动植物生产食品及工业原料的产业。农业属于第一产业，研究农业的科学是农学。农业是人类社会赖以生存的基本生产和生活资料的来源，是社会分工和国民经济发展的基础。国民经济其他部门发展的程度，受到农业生产力发展水平和农业劳动生产率高低的制约。由于各国的国情不同，农业包括的范围也不同。狭义的农业仅指种植业或农作物栽培业；广义的农业包括种植业、养殖业、林业、渔业，农特产品储藏、加工、运输、销售及售后服务等多种产业。农业生产具有再生性、可循环、有规律和易受自然条件制约等特点，也具有明显的季节性和地域性、生产周期长、资金周转慢、产品鲜活不便运输和储藏、单位产品的价值较低等特点。

根据生产力的性质和状况，农业可分为传统农业和现代农业，传统农业包括原始农业、古代农业和近代农业。

传统农业。传统农业以规模小、商品率低、科技含量少的小生产为特征；传统农业主要依赖资源的投入。

现代农业。现代农业是有别于传统农业的一种农业形态，是利用现代科学技术、现代工业手段和科学管理方法进行科学化、规模化、产业化、社会化生产的产业，它不仅包括传统农业的种植业、林业、养殖业和水产业等，还包括产前的农业机械、农药、化肥、水利，产后的加工、储藏、运输、营销以及进出口贸易等，成为一个与发展农业相关、为发展农业服务的产业链。现代农业主要由资源依赖型不断转化为技术依赖型，信息技术、生物技术、新型耕作技术、节水灌溉技术及现代装备技术等农业高新技术的应用,不仅提高了农业资源的利用率和农业的可持续发展能力,也极大地增强了土地产出率、劳动生产率和农产品商品率。

现代农业产业体系、生产体系、经营体系建设是发展现代农业、实现农业农村现代化的"三大支柱",是促进农村一二三产融合发展的重要载体,是衡量现代农业产业布局和产品竞争力的重要标志。现代农业产业体系包括种养加等主导产业及其与产前、产中、产后相关的产业,依据区域优势不同产业结构布局各有侧重。重点考虑农业资源的市场配置、农产品的有效供给、小农户和现代农业发展的有机衔接等问题。构建现代农业产业体系,要以市场需求为导向,坚持粮经饲统筹、种养加一体、农牧渔结合的发展思路,发挥区域资源的比较优势,调整优化产业结构,提高农业资源的配置效率,促进一二三产融合发展,推动农业产业链横向拓展和纵向延伸。现代农业生产体系是先进科学技术与生产过程的有机结合,是衡量农业生产各环节机械化、信息化、良种化、标准化实现程度和农业生产力发展水平的主要标志,重点解决的是技术和效率问题。构建现代农业生产体系,转变农业要素投入方式,用信息技术、生物技术和现代装备制造技术改造传统农业生产方式,提高农业信息化、良种化、机械化、标准化程度,提高农产品质量,增强农业竞争力。现代农业经营体系包括家庭经营、集体经营、合作经营、企业经营等多种经营形式,是衡量现代农业组织化程度、社会化程度、职业化程度和市场化程度的重要标志,重点解决的是生产力和生产关系有效搭配、市场竞争力强弱的问题。构建现代农业经营体系,就是要发展多种形式适度规模经营,深化农村土地制度改革,促进农民职业化发展,提高农业经营集约化、组织化、规模化、社会化水平。现代农业三大体系相辅相成,对农业产业体系起重要支撑和保障作用。

特色农业。特色农业是现代农业的一种表现形式,是将一定区域内特有的农业资源开发成名优特产品的现代农业,以市场需求为导向,以追求较大经济效益、较优生态效益、较佳社会效益和较强市场竞争力为目的,高效配置各种生产要素,突出地域特色,产业规模适度、效益良好,产品具有较强市场竞争力,一般包括特色种、养、加等产业及特色服务业。特色农业具有六个基本要素:市场需求、特色资源、特色产业、生产技术、产品质量和生态环境。

(二)人才、人才类型

人才:是指具有一定的专业知识或专门技能,能够进行创造性劳动,并对社会作出一定贡献的人,是人力资源中能力和素质较高的劳动者,是经济社会发展的第一资源。

人才类型。国际上通常将人才分为学术型人才、工程型人才、技术型人才、技能型人才四种类型。

学术型人才主要是研究和发现客观规律，工程型人才主要将客观规律转化为相关的设计、规划和决策，技术型人才和技能型人才则将设计、规划和决策变成物质形态。技术型人才与技能型人才的区别主要在于前者以应用理论产生的技术为主，而后者则依赖经验产生的技术。四种人才因社会职能和社会功能不同，因而人才规格也不同。学术型人才要求基础理论深厚，学术修养和研究能力较强，工程型人才要求理论基础较好，解决实际工程问题的能力较强；技术型人才要求有一定的基础理论，但更强调理论在实践中的应用；技能型人才要求掌握必要的专业知识，但必须掌握熟练的操作技能。社会四类人才需要通常呈金字塔分布，学术型人才需求量最少，工程型人才次之，技术型人才与技能型人才最多。

（三）人才培养类型

人才培养类型是指培养人才的教育类型。教育的根本任务和主要功能是为经济、社会发展培养人才。由于社会分工不同，对人才规格的要求也不同。因此，人才培养类型也不同，除全日制学历教育外，还包括成人教育、函授教育等。高层次人才培养一般通过高等教育来实现。

改革开放以来，我国高等教育事业得到长足发展，初步形成了适应国民经济建设和社会发展需要的多层次、多形式、学科门类齐全的中国特色高等教育体系，为社会主义现代化建设培养了各级各类专门人才，在国家经济建设、社会发展和科技进步中发挥了重要作用。

高等农业教育是整个教育系统的一个组成部分，是以培养农业人才为主的一种教育形式，有广义和狭义之分，广义的泛指所有传播农业科技知识、培养农业科技人才的教育活动，而狭义的则是指高等农业院校开展的各种层次各种形式学历教育，包括函授教育、自学考试教育及远程教育。在我国还有少数农民高等教育，其宗旨是为农村培养农、工、商等方面具有大专以上学历水平的技术骨干和管理干部，招收具有高中毕业文化程度的农村基层干部、农业技术员和有一定生产经验的青年农民以及农业系统在职职工。

二、基本理论

（一）人力资本理论

20 世纪 60 年代，美国经济学家舒尔茨和贝克尔创立了人力资本理论，开辟了关于人的生产能力分析的新思路。主要内容包括：①人力资源是一切资源中最主要的资源；②人力资本对经济增长的作用大于物质资本；③人力资本的核心是提高人口素质，教育是提高人力资本最重要的主要手段；④教育投资应以市场供求关系为依据，对人力资源的合理开发利用，可以有效地促进经济发展和社会进步。高等教育可以提高劳动力素质，增强劳动力技能。因此，国家对高等农业教育的投入，将提升农村经济和社会发展需要的农业科技人才素质。

（二）高等教育经济学理论

20世纪60年代初，教育经济学形成一门独立的学科，其主要观点包括：国家经济的发展是高等教育发展的前提和基础，它为高等教育的发展提供必要物质条件，又促进高等教育的发展。农业经济的发展和高等农业教育的关系也是如此，高等农业教育通过人才培养科学研究和成果推广转化对农村经济发展起着巨大的促进作用。

（三）素质教育理论

素质教育是在深化教育体制改革基础上提出的一种教育思想。从教育学角度讲，素质是指遗传基础上，通过教育和自身努力，逐步形成的相对稳定的心理和品质，是个体先天固有品质与后天教育的融合，是各类本质因素的整体表现。对于高等教育来讲，人的素质包括思想道德素质、文化素质、专业素质、身心素质四方面。素质教育重点要把握三点：①人的素质具有发展性特点，通过实践训练可以不断提高；②人的素质具有整体性特点，不能只强调其一，德、智、体、美、劳应全面协调发展；③对个体而言，知识、能力、素质是浑然一体的。因此，在人才培养过程中，要融传授知识、培养能力和提高素质于一体，且正确处理三者关系，才能促进学生素质协调发展。

（四）终身教育理论

国际21世纪教育委员会向联合国教科文组织提交的报告中将终身教育界定为："与生命有共同外延并已扩展到社会各个方面的连续性教育。"简言之，终身教育是贯穿于人的一生的连续的多方面有机联系的教育。因此，在农业现代化建设和乡村振兴战略实施过程中，也要坚持终身教育的理念，不断开展对农业科技人员和农民的教育培训，高等农业教育在农业科技人员和农民培训中要起到中流砥柱的作用。

三、特色农业应用型人才培养应坚持的原则

面向现代农业发展和乡村振兴的需要，适应高等教育国际化要求，特色农业应用型人

才培养要坚持以习近平新时代中国特色社会主义思想为指导，坚持通识教育与专业教育相结合，教学、科研与社会服务紧密结合，深化课程体系与教学内容方法手段改革，注重实践能力和创新精神培养，为乡村振兴提供人才保障。

（一）通识教育与专业教育相结合原则

通识教育是专业教育的上位概念，不仅包含专业教育，而且是专业教育的延伸、深化，与专业教育相辅相成、互为补充。应用型农业院校应在通识教育质量观的指导下，加强学科交叉、渗透和融合，促进学生知识、能力和素质协同发展。

（二）科学教育与人文教育相结合原则

人文教育可通过传统文化和现代文明相结合，培养人的道德情操，体现了教育的本质特征，科学教育在传授知识和技术，征服、开发自然中体现人的价值。应用型农业院校要准确把握二者的时代特征和发展规律，建立自身科学教育与人文教育融合观，使科学知识与人文知识有效融合，实现更高水平发展，培养具有创新精神和实践能力的新型人才。

（三）应用型人才培养的共性与个性、统一性与差异性相结合原则

应用型农业院校要充分考虑学科专业和生源素质、毕业生就业岗位要求等特点，在遵循相对统一的、共同的质量标准的基础，人才培养目标要突出针对性、实用性和发展性，注重知识、能力、素质协调发展的要求，在人才培养过程坚持共性与个性、统一性与差异性相结合原则，确保人才培养质量。

（四）产学研结合原则

应用型农业院校的学科专业要求学校教学必须坚持产学研结合原则，以提高学生实践能力为主线组织开展教学，鼓励学生参与科学研究和科技推广活动，通过产学研结合途径培养学生的学习能力、实践动手能力、创新能力和推广应用能力。

（五）终身教育原则

传统的学校教育很难完全满足经济和社会快速发展的需求，学习是伴随人一生的活动，也是人自身发展的基础，因此，要树立终身教育的理念，坚持学校教育和终身教育相结合，不断培养适应经济社会发展需要的合格人才。

四、高等农业教育助力乡村振兴的服务体系建设

(一) 高等农业教育助力乡村振兴服务体系建设的基本思路

以市场需求为导向，以人才培养与科技创新为重点，以促进现代农业发展和提高劳动者素质为目标，构建以政府为主导、以高等农业院校为依托、社会各界广泛参与的服务体系和人才培养、科技创新、科技推广、信息服务"四位一体"的服务模式，促进产学研的有机结合和大学与农村的深度融合。

(二) 高等农业教育助力乡村振兴服务体系建设的基本框架和功能

高等农业教育承担着人才培养、科学研究和社会服务三大职能，在助力乡村振兴的过程中，可以通过人才培养模式改革、新型农民培训、科技研发、科技成果推广和信息服务等方式全方位地开展服务，增强高等农业教育服务乡村振兴的针对性和实效性，为社会主义新农村建设作出应有的贡献。高等农业教育助力乡村振兴服务体系是在政府和各级教育、科研、财政、行政部门的支持下，以高等农业院校为依托，通过中等农业院校、农业职业教育和农业科技推广部门联合涉农企业、农村经济合作组织，根据农业区域资源和产业特色，开展农业科技人才培养、农民培训、农业科技研发、推广农业先进实用新技术，促进农业科技成果转化和开展农业科技信息服务。

从宏观层面上，乡村振兴服务体系包括服务主体、服务客体、保障支撑系统和监督评价系统几部分。

高等农业学校作为服务乡村振兴的核心，也是服务体系的主体。要想做好服务乡村振兴的各项工作，一方面应得到各级教育、行业部门的政策、资金和项目支持；另一方面，农业院校本身要通过体制机制创新，制定相关配套政策鼓励科技工作者走出校门，深入农业农村农民生产生活实际，结合生产生活实际开展科学研究，才能发现问题和解决问题，引领农业科技发展。同时，不断深入教育教学改革和科技创新，提高教育教学质量，促进农业科技成果转化。可见，高等农业教育服务乡村振兴，不仅对农业农村的建设发展起到重要的推动作用，而且对高等农业教育自身的改革和发展也起到重要的推动作用，二者相辅相成，互为促进。

政府和各级教育行政部门构成服务体系的保障支撑系统的组成部分，要从政策制度层面加大对高等农业教育的支持，并提供必要的农业科研、推广和服务经费。教育行政部门作为监督评价系统的重要组成部分把高等农业院校服务乡村作为评价学校办学效益和办学

质量的硬性指标，建立健全考评机制，引导和约束高等农业院校服务乡村振兴的行为，保证服务质量。

各级农业、科技、财政部门构成服务体系的保障支撑系统的组成部分，要与教育部门建立联动机制，从政策、项目和资金上给予高等农业院校必要的支持，支撑高等农业院校开展科技研发、科技推广和社会服务工作。

中等农业院校、农业职教中心、县乡农业推广站、农村经济合作组织、专业户、示范户、龙头企业和广大农民作为服务对象，既构成服务体系的客体，又作为监督评价系统的重要组成部分，应主动接受高等农业院校的服务，并为服务创造便利条件，协助高等农业院校的师生开展服务工作，及时反应、反馈高等农业院校的服务质量，促进服务持续、健康发展。

从微观层面上，高等农业院校通过成立乡村振兴服务管理机构和体制、机制创新，建立人才培养、科技服务和文化信息三个服务平台，以人才培养平台为龙头，以科技服务平台和文化信息平台为两翼，各平台相互联系，相互促进，引导广大教师为乡村振兴培养人才，研发和推广先进农业科学技术，传播先进文化和农业信息。

人才培养平台。包括学历教育和非学历教育两部分。学历教育包括专业设置、培养目标定位、人才培养模式、教学内容、教学方法、教学手段改革和教学基本建设、师资队伍建设等，为乡村振兴培养急需的应用型人才。非学历教育包括新型农民培训方式、内容、方法、手段的研究和培训效果评价等，为乡村振兴培训新型农民。

科技服务平台。包括科技研发和科技推广两部分。鼓励科技人员深入农业、农村生产一线，针对乡村振兴和现代农业发展存在的生产生活问题立项研究，培训、引进新品种，创新农业生产新技术，制定各生产环节质量标准，提高农产品质量和附加值，建立产前、产中、产后配套服务体系，促进农业科技成果转化，提高科技对农业生产的贡献率。积极争取各项政策和专项经费，促进现代农业健康持续发展。

文化、信息平台。收集、整理和处理各类农业信息，通过网络技术传播给农民，指导农民开展农业生产，传播文化知识，提高农民的科技文化素质，为乡村振兴提供文化信息服务。

（三）高等农业教育助力乡村振兴服务体系建设的支撑条件

高等农业教育要建立助力乡村振兴服务体系，完成推动经济和社会发展的历史使命，除了其自身的内在机制，也需要社会为它提供必要的条件。

1. 加强政策创新，为乡村振兴服务体系建设提供政策支持

农业作为国民经济的基础，其在经济社会发展中具有举足轻重的地位和作用。而高等

农业教育本身具有很强的行业性和发展的特殊性，对农业农村发展又起到重要的推动作用，在服务乡村振兴中高等农业教育发挥着不可替代的作用。国家、教育行政部门应加强政策创新，扩大农业院校招生比例，促进高等农业教育优先发展，为乡村振兴服务体系的建立提供制度保障。高等农业院校内部也应制定相应的配套政策，对服务乡村振兴的教师和专业技术人员给予经济上和地位上的支持，进一步调动教师服务乡村振兴的积极性和服务质量。

2. 加大经费投入，为乡村振兴服务体系建设提供资金保障

各级政府和教育行政部门要加强对农业教育的投入力度，增加教学经费，缩小农业教育经费的地区差，增加科技推广和社会服务专项经费，支持高等农业院校积极投身到乡村振兴实践中。各级农业、科技、财政部门应设立专项资金或通过科技研发、推广和农民培训等形式，支持高等农业院校的科研和社会服务工作。

3. 深化体制改革，为乡村振兴服务体系建设提供长效机制

国家、政府要加大体制机制改革力度，建立教育、农业、科技、财政等行业的联动机制，打通高等教育通向农村的渠道。吸收高等农业院校毕业生进入政府、各级农业管理部门和技术服务部门，更新人员结构和知识结构。积极引导高等农业院校参与农业推广和农民培训，并逐步建立推广"以高等农业院校为核心"的"人才培养、科技研发、科技推广和信息服务""四位一体"的"三农"服务模式，提高服务质量。政府和社会要加大政策引导和舆论宣传，积极营造高等农业教育服务乡村振兴的外部环境，克服不利因素，为高等农业教育服务乡村振兴体系的建设提供良好的机遇。

4. 深化教学改革，为乡村振兴培养急需的应用型人才

高等农业院校要以乡村振兴的人才需求为导向，以应用型人才培养为核心，调整学科专业结构，深化教学内容、方法手段改革，坚持产教融合、政校企业合作，优化人才培养模式，培养学生创新创业能力、实践动手能力，助力乡村振兴战略实施。

5. 加强引导，促进农民思想观念的转变

现阶段我国农民接受教育培训的意识仍很淡薄，学习新知识、接受新技术的能力受传统农业和思想意识的束缚，在一定程度上影响了高等农业教育服务乡村振兴的积极性和服务质量。因此，各级政府应积极引导农民转变观念，破除各种束缚，自觉接受现代科学文化知识和技术，努力使自己成为一名合格的新型职业农民。

第二节 特色农业应用型人才培养的实践

一、准确定位,根据现代农业发展需要确定办学定位和人才培养目标

农业院校一般位于农业发展比较优势明显的地区,人才培养和科学研究的目的主要是为地方经济社会发展服务,为"三农"服务,这就决定了农业院校应具有鲜明的地方性。这种发展态势,就需要高等农业院校必须重新审视学校的办学定位,调整办学模式,才能及时将新技术、新成果引入教学中,引领并促进农业科技进步,提高农业经济效益。必须紧紧依托当地政府和龙头企业,深入生产一线,接触和了解生产实际问题,才能培养出掌握先进科学技术、能够分析和解决实际问题的人才。可见,农业高等教育离不开农业发展的大背景,离不开当地政府和龙头企业的支持。新建农业本科院校只有打破传统的"精英办学"理念、"研究型"办学模式和"学术性"人才培养模式,与行业(企业)、地方政府紧密结合,植根于农业、农村、农民中,实行开放式办学,才能形成自己的办学特色,才能培养出行业、企业真正需要的应用型人才。新建农业本科院校在确定办学定位时既要考虑国家经济社会发展的需要,又要审视学校所处的内外环境,坚持实事求是、有所为有所不为的发展战略,根据自身的办学优势找准自身发展和市场需求的结合点,把办学定位建立在为地方经济建设和社会发展服务、为"三农"服务的基础之上,以培养适应农业现代化建设需要的高素质应用型本科人才为己任,积极主动地参与地方经济建设,才能使学校的办学定位既体现前瞻性,又具有可行性。

二、适应现代农业三大体系建设需要,调整专业结构,构建专业群

关系国计民生的根本性问题是农业农村农民问题,全党工作的重中之重是必须解决好"三农"问题。因此,在工作中要构建现代农业产业体系、生产体系、经营体系,促进农村一二三产融合发展,培养造就一支懂农业、爱农村、爱农民的"三农"工作队伍。我国很多省份是农业大省,农业、农村、农民在经济社会发展中占有非常重要的地位,培养适应现代农业产业体系、生产体系、经营体系建设及相关产业转型升级发展需要的高素质的应用型人才具有十分重要的意义。

三、实施"三双四提升"计划,建设双师素质教师队伍

实施了"三双四提升"计划,建设一支双师素质教师队伍,为应用型人才培养提供智

力保障。教师的教学能力和实践能力是影响应用型人才培养成败的关键因素。新升格本科院校随着招生规模的扩张，短期内引进大批教师，而且多数新教师从校门到校门，缺乏教学经验和实践经验，教学能力和科研能力更显不足，因此，要想使应用型人才培养工作顺利推进并取得成功，必须采取有效措施，短时间内提升教师的教学能力和实践能力，为应用型人才培养提供人才保障。

四、突出五大发展理念，打造五大平台

突出五大发展理念，打造五大平台，为应用型人才培养提供条件保障。平台建设是培养应用型人才的基础，没有好的平台支撑，应用型人才培养就是空中楼阁。但是学校不可能建全所有学科专业的实践平台，必须充分挖掘和利用社会资源，将教学、科研、大学生创新创业和社会服务有机融合起来，才能释放出更大的活力。产教融合、校企合作是应用型人才培养的必由之路，对农业院校而言，依托地方、服务地方也是应用型人才培养的重要途径。因此，为了使应用型人才培养取得实效，有些学校本着"学科专业共建共享"的原则，突出"创新、协调、绿色、开放、共享"的理念，着力打造了"实践教学、协同育人、协同创新、就业创业和社会服务"五大平台，具体如下。

（一）打造实践教学平台，改善办学条件，提高大学生实践动手能力

本着"学科专业共建共享"的原则，按学科专业群规划建设实验室。以重点实验室、实验教学示范中心、工程研究中心、农产品加工中心、食品检测中心等省部级教科研平台为龙头，最大限度地整合教学资源，构建功能集约、资源共享、开放充分、运作高效的专业类或跨专业类实验平台，实现大型仪器设备共建共享，提高仪器设备的利用率，加大实验室面向本科生开放力度，提高大学生实践动手能力。

（二）打造协同育人平台，明确转型发展之路，促进办学模式转型

学校各专业还可以成立有地方、行业和用人单位参与的理事会（董事会）、专业指导委员会，成员中来自地方政府、行业、企业的比例不低于50%；每个专业群有3~5个深度合作的大中型企业作为稳定的校外实践教学基地，校企合作的专业群实现全覆盖，确保行业企业全方位、全过程参与学校教学管理、专业建设、课程建设、人才培养和质量评价，在"师资互补、基地共建、携手创新、共育人才、就业创业"等方面实现互惠共赢，促进办学模式转变。

（三）打造协同创新平台，共建技术研发中心，为师生的科技创新提供支持

成立协同创新中心，发挥省级重点实验室、协同创新中心，在动物养殖、疫病防治、作物育种、高产栽培、中草药栽培、遗传育种、生物技术应用、互联网+农业、农业物联网、农产品精深加工、食品安全、生物制药等方面开展应用研究，共建技术研发中心，为师生的科技创新提供支持。

（四）打造就业创业平台，提高大学生创新创业能力和对口就业率

在校内实践基地中规划出动物、植物、食品、信息技术、产品营销等创新创业园区，作为大学生开展创新创业实践基地。同时还可以在校外建立一批就业基地，充分利用校外实践教学与就业基地，加强大学生就业指导与服务，提高毕业生的就业率和就业质量，促进学生实现高端就业；学校与光明传媒、省市人社厅等部门合作，建立大学生创新创业平台，为大学生创业提供条件和保障。学校成立创新创业学院，依托学校实践教学、协同育人、协同创新、就业创业和社会服务五大平台，开展创新创业教育，使大学生的创新创业教育落到实处。

（五）打造社会服务平台，创新社会服务模式，不断增强高等农业教育和农业本科院校社会服务能力

将潜在的技术优势转化为现实生产力，推进农业科研成果率先在省内转化，不断增强高等教育和农业院校社会服务能力。通过基层农业组织、技术推广部门、龙头企业、养殖大户辐射带动农民，不断提高农民的科技文化素质，促进农业科技成果转化，为农业现代化建设和乡村振兴战略实施提供了强有力的人才支持和技术服务。

五、坚持产教融合、工学结合，实现应用型人才培养模式的创新

人才培养模式是指在一定教育思想和教育理论的指导下，由人才培养目标、培养方案、培养过程诸要素构成的相对稳定的教育教学过程与运行机制的总称。人才培养模式是实现人才培养目标的主要组织形式，应用型人才培养离不开人才培养模式的改革与创新。学校坚持以行业企业需求为导向，坚持产教融合、工学结合，发挥特色、品牌专业和"卓越计划"的引领作用，探索适应专业（群）特点的应用型人才培养模式。农业类专业多数为复合型专业，涉及学科交叉，教学内容广，技术性强。农业生产受自然和人为因素影响较大，未知因素较多，这就为人才培养带来一定的难度。为了使人才培养方案既体现专

业特色，又突出人才培养的实效性，学校成立了由校企双方专家组成的人才培养指导委员会，在广泛开展社会调研的基础上，针对应用型人才成长规律、生产一线的技术工作流程，从培养高素质应用型农业科技人才目标的实际出发，以实践能力和创新精神培养为主线优化人才培养方案，构建"平台+模块"的理论教学体系、"三实一研"的实践教学体系和"人文+科学"的素质教学体系。压缩理论课，拓宽实践课，增加选修课，淡化理论教学，突出实践技能和综合素质培养，既拓宽学生的知识面，又增强学生的实践技能培养，促进了学生综合素质的提高和个性的发展。我们根据农业生产岗位和岗位群的特点将各专业的职业能力分解为综合能力、专项能力、基本技能。其中，基本技能主要通过课内实验完成，减少验证性实验，增设综合性、设计性和创意性实验，专项能力主要安排在3~5或4~7学期，分层次、分阶段，由浅入深，由单一到综合，结合主要生产环节在校内实践教学基地完成；综合能力中的计算机应用能力和语言表达能力通过计算机教学和选修课、课外活动得到培养，农业生产方面的综合能力在第6~8学期根据毕业生就业意向安排在不同的生产企业作为毕业前的顶岗实习，且与学生就业岗位紧密接轨。全学程累计实践教学环节不少于1年，实践教学的比例文科不低于30%，理科不低于45%，实践教学贯穿于教学活动的全过程，突出项目引领、任务驱动等特点。新的实践教学体系强化了实用性，突出了针对性，实现了理论教学与实践教学的有机结合，教、学、做的有机结合，校内与校外教学的有机结合，使学生的职业能力培养落到实处，保证了人才培养质量。

依托"三实一研"的实践教学体系，将实验、实习、社会实践、参与教师科研和大学生创新创业项目研究与实践有机结合进来，探索产教融合、工学结合的人才培养模式。倡导独立设置实验课，独立设置实验的比例理科不少于25%，文科不少于15%；倡导根据行业企业需求、根据教师科研项目开发设计实验项目、大学生科技创新项目，吸纳低年级学生参与教师科研。以第二课堂为载体，积极开展社会调查、志愿者服务等社会实践活动，每个本科生参加社会实践活动的时间累计不少于4周，创新学分不低于4学分。新的人才培养方案和人才培养模式实现专业群对接产业链、教学内容对接生产内容、教学过程对接生产过程，培养了大批具有较高职业素养、较强创新精神和实践能力，适应岗位（群）需要的高素质应用型人才。

六、构建"五位一体"的创新创业教育体系和"导练结合、三创融合"的创新创业教育模式

构建了"五位一体"的创新创业教育体系和"导练结合、三创融合"的创新创业教育模式，促进创新创业教育与应用型人才培养的有机结合。创新创业教育是高等教育适应经济社会转型升级提出的新要求，是高等教育改革的重要内容，是地方高校走向经济社会

发展中心的最佳切入点。构建"体制机制、教学体系、支撑平台、教育模式、保障措施"五位一体的创新创业教育体系。一是建立由创新创业学院牵头，多部门联动，齐抓共管的创新创业教育体制机制，强调创新创业教育要面向全体学生，要融入人才培养方案，贯穿人才培养全过程。二是构建"课程、讲座、培训、竞赛、项目孵化"相结合的创新创业教学体系，递进式设置课程和教学内容，支持全校教师针对专业特长开展创新创业教育研究与实践，保证创新创业教育面向全体学生。三是依托"实践教学、协同育人、协同创新、创业就业、社会服务"五大平台，探索"导练结合、三创融合"的创新创业教育模式，从师资、资金和制度三方面为创新创业教育提供保障，促进创新创业教育与应用型人才培养的有机融合。

七、建立健全教学内部质量保障体系，确保人才培养质量持续改进提高

建立健全教学内部质量保障体系，确保人才培养质量持续改进提高。新建本科院校的质量影响到我国高等教育整体质量，新建本科院校的发展关系到我国高等教育的整体发展。为了确保应用型人才培养质量持续改进提高，学校建立健全了内部质量保障体系，并开展全面的质量评价。

（一）建立健全教学质量内部保障体系

建立校院系三级教学质量管理体制，明确校院系三级管理职责，加强多学科管理队伍建设。成立校级教学质量保障领导小组，教务处和教学质量监控中心负责学校的教学管理和质量监控；成立院级教学质量保障领导小组，负责院系教学管理与质量监控。建立了内部教学质量保障体系，由教学质量生成系统、教学质量保障系统、教学质量管理系统、教学质量监督系统、教学质量评估系统、教学质量反馈与改进六大系统构成，实现对本科教学全过程、全方位的质量监控，促进教学活动的持续改进和教学质量的持续提高。

（二）加强全过程全方位质量监控

学校完善了教学管理和质量监控规章制度，制定了课堂教学、实践教学、成绩考核、毕业论文（设计）指导等主要教学环节的质量标准；任课教师聘任、教学评价、学籍管理等主要教学管理工作的质量标准。坚持"校、院、系"三级教学监控组织通过对"期初、期中和期末"三个重点时期和课堂教学、实习实训、论文试卷三个主要教学环节加强管理和质量评价，实现对教学资源、教学过程、教学质量三个主要方面的管理和监控，有效保证了应用型人才培养质量持续提升。

（三）严格教学管理，规范质量监控

坚持日常教学检查结果通报、教师调（串）课情况通报、教学检查反馈制度、教学督导和学生网上评教等制度；定期召开教学管理人员工作会议，研究解决教学质量管理中存在的问题，安排部署阶段性教学工作，推动各项主要教学管理制度的落实；加强考试的组织管理，严格执行试卷质量的审批制度，认真评阅和科学分析试卷，对教育教学活动和人才培养的质量进行全面评价。

（四）分析监测结果，持续改进提高

根据教学质量监督和评估体系对教学质量的监测结果，特别是对照本科教学状态数据统计结果，认真分析存在问题，提出改进建议，不断完善内部教学质量保障体系，确保教学质量得到持续改进和不断提高。

八、加强毕业生就业指导与服务

加强毕业生就业指导与服务，毕业生对口就业率明显提高。从提高教学质量入手，将创新创业和就业教育贯穿于教学活动的全过程，加强毕业生的就业指导、服务和信息反馈，帮助学生树立吃苦耐劳的品格意志和学农爱农、服务于"三农"的职业道德。建立毕业生信息反馈制度，认真听取毕业生和用人单位对本专业教学的意见和建议，了解和掌握教学质量方面存在的问题，及时更新教学内容，改进教学方法和教学手段，保证人才培养质量。

第六章　乡村振兴战略下"一懂两爱"人才的培养

第一节　"一懂两爱"新型职业农民的培养实践

"一懂两爱"是指什么？一懂指的是懂农业；两爱指的是爱农村，爱农民。

一、乡村振兴战略中的新型职业农民

（一）培育新型职业农民的现实意义

1. 农业现代化建设的需要

农业现代化建设对农业从业人员提出了新的、更高的要求。国际经验表明，以适度规模经营的家庭农场为核心，以合作化组织覆盖农业生产服务、产品与物资流通全过程为支撑，是农业现代化的基本产业经济形态。

在经济新常态背景下，我国农业发展面临崭新的挑战，农业中的主要矛盾已由过去的总量不足转变为现在的结构性失衡。为解决这一难题，必须深入推进农业供给侧结构性改革，加快改造传统农业，积极发展现代农业。改造传统农民成为加快农业现代化的突破口和着力点。

2. 农村人口城镇化发展的需要

农村人口半城镇化阻碍着农村土地流转。农村人口城镇化为新型职业农民涌现创造了条件。新型职业农民的生成依赖于城镇化和工业化的速度，只有大量的农民离开土地进入城镇实现稳定的非农就业，才能为留在土地上的农民提供较大的发展空间，也才能实现"让种地的人种更多的地"这一新型职业农民生成的基本条件。

3. 农民职业化的需求

新型职业农民与传统农民有质的不同。工业化的劳动市场扩展效应瓦解了农民生存的

外部环境，工业化的人口转型效应根除了传统农民代际存续的自身条件，而农业的企业化则进一步把农民变成了一种自愿选择的职业。职业农民是指以农业为职业、具有一定的专业技能、收入主要来自农业生产经营并达到一定水平的农业从业者。新型职业农民与一般意义上的职业农民相比，生产经营手段更加现代化；与传统农民相比，新型职业农民不再代指身份，而是一种职业，农业生产不再是为了生存，而是以营利为目标。新型职业农民具有现代经营方式，而非传统的耕作方式，能够作为主体充分进入市场，在与国家关系处理上也比传统农民更有主动性。

培育新型职业农民是规避农业规模经营风险的需要。商品经济不发达时，自然风险是农业面临的主要风险。在市场经济条件下，市场风险取代自然风险成为农业面临的主要风险。随着城镇化进程的推进，农村土地市场的发育成长，农业用地的机会成本不断上升；受能源、原材料价格上涨的影响，近年来农业生产成本不断上涨；随着劳动力成本持续增长，雇用农业工人从事农业生产的用工成本大幅上升。一言以蔽之，如今从事农业生产经营的环境与以前相比大不相同。农业生产成本上涨导致传统农业利润空间被挤压、收缩，运用农业机械，进行规模经营的现代农业应运而生。与传统农业的"小打小闹"不同，农业规模经营的风险大大增加，生产经营环节的疏忽大意，甚至市场环境的"风吹草动"，都可能引致"蝴蝶效应"，给农业规模经营者带来巨大经济损失。为降低规模经营风险，提高农业经济收入，需要着力培育一批思想观念新、综合素质好、生产技能强、经营水平高的新型职业农民。

(二) 创新培育新型职业农民的路径

1. 培育对象遴选：存量优先、兼顾增量

培育对象遴选存量优先。遴选培育对象时，应把具有从事农业生产意愿、具备一定科学文化水平、希望提升农业生产技能，并且正在从事农业生产经营的专业大户、家庭农场经营者、农民合作社带头人、农业企业骨干、返乡涉农创业者、农业雇工，以及从事农业产前、产中、产后经营性服务的骨干人员作为重点培育对象。

把未来从业者作为候选培育对象。"谁来种田"是当今面临的现实问题。随着经济社会的发展，农业产业从业者"腾笼换鸟"不可避免，只有"优胜者"才能成为未来农业从业人员也不会遥远。未雨绸缪之际，应将中等、高等院校毕业生（特别是农业院校毕业生）、农村退役士兵、农业科技人员以及有意愿到农村创业的城镇人口作为新型职业农民的后备人选，进行引导性培育。

2. 培育体系构建：公益为主、市场为辅

以公益性教育培训机构为主体。构建以公益性教育培训机构为主体、多种资源和市场主体有序参与的"一主多元"新型职业农民教育培训体系。鉴于新型职业农民培育具有公共品属性，应积极发挥农广校、涉农院校、农业科研院所、农业推广机构等公益性机构在新型职业农民培育（特别是培训）中的积极作用。

注重发挥市场机制作用，引导社会力量参与新型职业农民培育。与发达国家相比，我国新型职业农民培育投资主体单一、培育经费相对不足。国内外发展经验表明，构建由政府主导、社会力量参与的多元化新型职业农民培育资金筹措机制，是解决新型职业农民培育经费不足问题的有效措施。发挥政府主导作用的同时，需要积极发挥市场机制作用，采用信贷、保险、税收等政策工具，引导农业企业、农民合作社、金融机构等社会力量参与新型职业农民培育。

3. 培育模式选取：因地制宜、融入"互联网+"

因地制宜选取培训模式。根据生产型、服务型与经营型三种新型职业农民从业特点及能力素质要求，按需求导向制定分产业、分区域、分类型的职业农民培训方式，实施课堂培训、进村办班、现场教学等灵活多样的培训方式，因地制宜选取"农民田间学校模式""双培养模式""联合培育模式""政府主导企业扶持模式""一主多元培育模式"。

探索"互联网+"培育模式。互联网技术的应用普及是未来农村发展的大趋势，培育新型职业农民应借助"互联网+"强大引擎，积极建设新型职业农民远程教育平台、信息化服务云平台，让农民随时随地通过电视机、智能手机、电脑、iPad等终端完成在线学习、技术咨询等事项，早日进入"信息高速公路"。

4. 培育效果考核：综合全面、科学规范

考核对象多元。从培育主体、培育对象来看，培育效果考核至少涉及政府部门、培训机构、新型职业农民三个方面。鉴于培育新型职业农民具有明显的公益性、基础性、社会性，属于政府部门基本公共服务内容，对政府部门建立自上而下的绩效考核机制是提高新型职业农民培育效果的关键环节。注重政府部门绩效考核的同时，下一步的工作重点和难点是制定政策，科学考核培训机构、新型职业农民。

考核内容全面、考核手段科学。以培训质量为核心，将培训数量、培训层级等客观指标与培训对象满意度等主观指标相结合，构建综合性考核指标体系。为保证考核结果的公正性，尽量采用信息化考核手段，以网上考核为主；或者委托有资质的社会组织（第三方）对培育效果及培育资金使用情况进行评估考核。

5. 扶持政策制定：跟踪服务、定向扶持

构建跟踪服务长效机制。教育培训对新型职业农民培育的重要性显而易见，是否建立跟踪服务长效机制对新型职业农民培育效果的巩固不容忽视。各地实践经验表明，相对于电话回访、信息平台交流等跟踪服务方式，组织专家和技术人员在重要农时深入田间地头对参训学员开展现场技术指导更为实用、更受欢迎。另外，建立农技人员定点定员联系制度也是实现精准服务的重要举措，有利于提升新型职业农民培育效果、培育质量。

完善定向扶持政策体系。将新型职业农民资格认定作为获取政策扶持的前提，从教育培训、资格认定、土地使用、信贷发放、税费减免、技术服务、农业保险、社会保障等方面制定系列优惠政策，加大对新型职业农民的政策扶持力度，增强新型职业农民的职业自豪感。实现农业经营有门槛、收入有保障、从业有扶持，为实现"让农业成为有奔头的产业，让农民成为有吸引力的职业，让农村成为安居乐业的美丽家园"奠定坚实基础。

（三）全面建立职业农民制度

1. 总体思路

全面建立职业农民制度要以习近平新时代中国特色社会主义思想为指导，牢固树立新发展理念，完善新型职业农民教育培训、认定评价管理、政策扶持"三位一体"的制度体系，就地培养更多爱农业、懂技术、善经营的新型职业农民，强化乡村振兴人才支撑。

2. 乡村振兴战略中全面建设职业农民制度的主要路径

（1）建立新型职业农民议事协调机制

新型职业农民培育工作是新时代农民工作的总抓手。全面建立职业农民制度是一项系统工程，需要政府层面建立议事协调机制，统筹推进。

（2）建立新型职业农民培育公共服务制度

新型职业农民培育是乡村振兴重要的公共服务事项，要建立健全新型职业农民培育公共服务制度，提升公共服务能力和水平，让新型职业农民有更多获得感、幸福感、安全感。

将新型职业农民培育纳入国家基本公共服务体系，推进基本公共服务均等化。省、市、县农业部门应当按照国务院简化优化公共服务流程方便基层群众办事创业的要求，梳理新型职业农民公共服务事项，列入公共服务事项目录，编制公共服务指南。按照党中央、国务院加快乡镇政府职能转变，强化公共服务职能的部署，把新型职业农民工作列入乡镇政府基本公共服务下沉基层。形成横向协调一致、纵向无缝衔接的新型职业农民公共服务体系。

编制新型职业农民公共服务指南，建立新型职业农民公共服务标准，不断提高服务质量和效率。在事业单位改革中推进农业广播电视学校改革发展，使之更好地履行新型职业农民、农村实用人才培养主体职能。完善新型职业农民公共服务多元供给机制。重视服务对象和群众的满意度，健全公共服务需求表达机制，强化群众对新型职业农民公共服务供给决策及运营的知情权、参与权和监督权。

（3）建立新型职业农民培育资金管理制度

按照"大专项+任务清单"管理模式，各级财政部门会同农业部门陆续出台了农业生产发展资金管理办法。新型职业农民培育是"农业生产发展"大专项的一项任务，农业部门应当会同财政部门根据农业生产发展资金管理办法等财政政策制定新型职业农民培育资金管理制度。

根据乡村振兴战略规划编制新型职业农民培育专项规划和三年滚动规划，将上级转移支付资金纳入本级财政预算，确定年度任务清单和绩效目标，落实资金预算。编制资金使用方案，报上级财政、农业部门备案。本级使用的资金由农业部门与财政部门确定分配管理方式提出分配意见。分配下级使用的资金按照因素法进行分配。

农业生产发展资金管理制度规定，新型职业农民培育支出主要用于支持培育新型职业农民等方面。预算单位应当根据任务清单和绩效目标，对新型职业农民全过程各环节资金支出进行细化，认真编制支出预算，按程序评审批复。适应竞争性分配的资金，应当同步编制政府采购预算。围绕加强资金和项目管理健全管理制度，明确项目申报审批、政府采购、组织实施、项目验收等项目管理，以及资金拨付、会计核算、科目列支、绩效评价等资金管理方面的规定，确保新型职业农民项目和资金管理的规范运行。

（4）建立新型职业农民终身职业培训制度

农业农村工作部门应当围绕培训对象普惠化、培训资源市场化、培训载体多元化、培训方式多样化、培训管理规范化，抓紧研究新型职业农民终身职业培训制度，构建培训体系，深化培训体制机制改革，提升培训基础能力，落实保障措施，增强培训针对性、规范性、有效性。

（5）建立新型职业农民认定评价管理制度

乡村振兴要把人力资源开发放在首要位置。人才评价是人力资源开发管理和使用的前提。建立科学的新型职业农民认定评价机制对于乡村人力资源开发和人才振兴具有重要作用。要加快形成导向明确、精准科学、规范有序、竞争择优的科学化、社会化市场化新型职业农民认定评价机制，激发新型职业农民创新创业活力，促进农民持续增收，带动广大农民共享现代化成果。

建立科学的认定评价标准。习近平总书记用"爱农业、懂技术、善经营"九个字勾勒出新时代职业农民的鲜明特征,是建立新型职业农民认定评价标准的根本依据。爱农业,体现了新型职业农民职业品德。概括了新型职业农民践行社会主义核心价值观,职业理想;投身农业现代化事业、爱岗敬业、带领群众致富的职业信念;诚实守信,向社会提供优质安全农产品的职业责任等。懂技术,表明了新型职业农民的职业能力和致富本领。新型职业农民以绿色、有机、无公害农产品有效供给为目标,因地制宜推广先进适应技术,优化现代农业产业体系、生产体系和经营体系,走产出高效、产品安全、资源节约、环境友好的现代农业发展道路。善经营,展示出新型职业农民职业目标和业绩。新型职业农民兴办新型经营主体,发展多种形式适度规模经营,推行科学化管理、规范化生产和规模化经营。"爱农业、懂技术、善经营"构成了职业农民认定评价的总体框架。在制定认定评价标准的实践中应当结合本地实际,从"爱农业、懂技术、善经营"三个维度科学设置评价要素、精准设置权重参数,形成社会、行业普遍认可的新型职业农民认定评价标准体系。

建立市场化、社会化的新型职业农民认定评价管理体系。明确政府、市场、用人主体在新型职业农民认定评价中的职能定位,发挥专家、同行、社会多元评价主体作用,科学设定评价方法和认定方式,提高认定评价的针对性和精准性。

促进人才评价与项目评审、机构评估有机衔接。按照既出成果又出人才的要求,统筹协调财政支农项目评审龙头企业、示范性合作社(家庭农场)监测与新型职业农民认定评价,简化评审环节、改进评审方式,共享评审结果。

(6) 建立新型职业农民扶持服务制度

建立新型职业农民扶持服务制度,应当以"加快构建促进农民持较快增收的长效政策机制,让广大农民都尽快富裕起来"为目标,以"让愿意留在乡村建设家乡的人留得安心,让愿意上山下乡回报乡村的人更有信心"为导向,围绕富裕农民、提高农民、扶持农民综合施策。既要抓好国家乡村振兴战略规划重大扶持政策在本地落地生根,又要重视基层创新实践,推出具有地方特色的新型职业农民扶持服务政策。

围绕促进职业农民自我发展建立扶持服务制度。以习近平新时代中国特色社会主义思想指引职业农民,以新发展理念武装职业农民。从理念、知识、技能、素养等方面培养职业农民自我发展能力,使职业农民成为现代农业规模经营市场主体,提高农业质量效益和竞争力。

围绕改善职业农民社会保障建立扶持服务制度。社会保障不仅关乎基本民生的保障,更是满足城乡居民对美好生活的需要和维系全体人民走向共同富裕的重大制度安排。要完善统一的城乡居民基本医疗保险制度和大病保险制度，完善城乡居民基本养老保险制度，建立城乡居民基本养老保险待遇确定和基础养老金标准正常调整机制。将进城落户农业转移人口全部纳入城镇住房保障体系。引导符合条件的新型职业农民参加城镇职工养老、医疗等社会保障制度。

围绕实施乡村振兴战略规划建立扶持服务制度。依托乡村振兴战略规划重大工程、重大计划、重大行动建立新型职业农民扶持服务制度。抓重点、"补短板"、强弱项，多维度支持新型职业农民创新创业，形成人才、土地、资金、产业汇聚的良性循环。构建促进农民持续较快增收的长效政策机制，激发广大农民积极性、主动性、创造性，激活乡村振兴内生动力。加快构建现代农业产业体系、生产体系、经营体系，发展多种形式的适度规模经营，全面推进质量兴农、绿色兴农、品牌强农。

二、"一懂两爱"的新型职业农民

（一）政府的职责

各级政府在新型职业农民培育的过程中占据着主导地位，为此，在新型职业农民培育中政府必须在公共服务、监管培训等方面认真履行好自身的职责。

1. 提供公共服务

所谓公共服务，是指由中央或地方政府为满足公共需求，通过使用公共权力和公共资源，向全国或辖区内全体公民或某一类公民直接或间接平等提供的产品和服务。由此可见，培育新型职业农民所需的公共服务只有政府才能提供，是各级政府的职责所在。具体地说，各级政府应秉着全心全意为人民服务的宗旨，在医疗待遇、养老保险等社会保障制度方面，为新型职业农民提供公平的、强有力的保障；在财政补贴、银行信贷等方面更多地倾向于新型职业农民，为其提供更优质的服务，真真正正地为农民着想，不断地使其摆脱农民身份的束缚。

2. 整合教育资源

新型职业农民培育工作的推进，一方面需要各级政府部门的统筹协调，形成最大的合力；另一方面，政府作为教育的主管部门，必须为新型职业农民的培育整合最优质的教育资源。因此，第一，政府应搭建政校企合作平台，最大力度地整合职成教（社区教育）资源、中高等农业院校资源，以增强职业院校对成人教育中心的辐射功能，促进教师资源、仪器设备等得到充分利用。第二，整合社会公益资源。培育新型职业农民是社会问题，政府应架起与非政府组织之间的合作桥梁，优化整合公益资源，对那些纯公益性的新型职业农民培训项目给予大力支持，营造出关心新型职业农民培育的良好环境氛围，进而更好地扮演教育资源整合者的角色。第三，整合民办或校外教育资源。民办或校外职业教育培训机构对市场的需求具有较强的敏锐性。因此，政府应制定一些必要的扶持政策，鼓励和引导民办教育或校外培训机构积极参与新型职业农民培育工作，集合社会资金和民间力量开展形式多样的培训，进而对各职业院校培训构成有效的补充。

3. 监管培训质量

培训质量的好坏关系到新型职业农民培育工作能否顺利推进。因此，政府需要严把培育质量关。具体地说，政府及相关部门可以委托第三方机构（例如地方的职业技能鉴定中心等），对受训成绩合格者颁发相应的技能等级证书，指定专门人员填写证书信息，对其新农身份进行注册登记，保证档案的规范性和完整性。同时，各级政府需要建立起可量化的新型职业农民教育培训质量标准，对拥有新型职业农民身份的农民进行定期或者不定期的考核，从多维度来评价培训质量，建立起有效的培训质量监管和评价体系。

4. 营造培训环境

新型职业农民的培育是保障"三农"事业稳定发展的重要举措，而良好的培育环境可以促进新型职业农民培育工作的开展，再加之一些人对职业农民工作的认识还不够深刻，因此，政府需要营造良好的新型职业农民培育环境氛围。一方面，要创建良好的职业平等环境。政府要综合运用各种媒介广泛宣传，形成有助于新型职业农民成长的社会舆论导向，强化人们对新型职业农民的认知，农民已不再是身份，而是一种社会职业，树立起农民职业与其他职业平等的观念。另一方面，要营造良好的政策制度环境。政府要创新政策和制度，通过相关政策制度的配置和创新来激发人们的积极性，主动参与到新型职业农民培育的工作中，促进新型职业农民培育渠道的多样性。

（二）政府推进新型职业农民培育的路径

培育新型职业农民不仅能提高农民整体素质，而且还能促进农业经济的发展。培育新型职业农民需要一个过程，政府要履行好自己的职责，尽最大的努力建立起一支高素质的新型职业农民队伍。

1. 健全"一主多元"培训体系，做到帮农助农

新型职业农民培育工作的顺利推进，必须健全和完善"一主多元"的培训体系。一方

面，要形成以政府为主导、各培训机构和社会力量广泛参与的新型职业农民培育工作格局。另一方面，最大限度地发挥农广校、涉农院校、农业科研院所、农技推广机构的作用，为新型职业农民普及战略管理、农业科技等相关知识的培训，加快农业生产知识直接转变为现实生产力，提高农民的生活质量水平。此外，还可以加强产教融合、校企合作，支持各地整合资源办好农民学院，建设新型职业农民培育基地和实训基地，发挥基地的示范作用，系统地开展新型职业农民的培训工作；鼓励农民合作社、农业园区建立农民田间学校，为新型职业农民提供就地学习和创业孵化场所，同时做好农技推广机构的对接跟踪服务。

2. 探索新型职业农民培育模式，增强培育效果

新型职业农民的培育效果直接关系着农民为"三农"事业做贡献的大小，关系着我国农业的发展进程。因此，培育新型职业农民必须线上线下相协同。一方面，各级政府可以采取"政府+现代信息技术+农民"培训模式，依托信息化技术，打造新型职业农民信息化服务云平台，整合农技推广服务等线上资源，为农民提供便捷高效的在线学习和全程跟踪指导，不受时间和空间的限制，随时随地解决农民的问题，从而提高培育效果；另一方面，要坚持理论和实践相结合的原则，鼓励各培训机构结合当地实际情况，推行农民田间学校，顶岗实训等多种方式，让农民深入实地去体验，富裕的地方还可以划出专项资金，组织新型职业农民"走出去"，开展跨区域、跨国际的交流与合作。

3. 创新政策制度，培育青年骨干力量

推进新型职业农民培育工作，需要有稳定的农村人才队伍，需要依靠青年人和高素质的人才，但前提是必须完善农村社会保障制度，加大扶持力度，让农民能与城镇居民享受到同等的待遇。因此，一方面，政府要大力扶持返乡创业的青年农民。第一，成立专家小组，一对一帮扶，给予返乡创业者经验、技术指导，引导其将自身优势资源与外部资源进行统筹；第二，健全青年农民创业孵化机制。可以尝试由政府出资，建立专门的创业孵化基地，对青年农民创业者进行滚动培训，引导其顺利创业。另一方面，关注有志于扎根农村的青年大学生。大学生接受新知识能力强，能够迅速成为农业骨干人才。因此，政府应在政策设计上给予大学生更大的优惠，例如，对报考与农业相关专业的学生实行免学费并保证其毕业可就业等，进而吸引更多优秀大学生报考农科专业，志愿成为新型职业农民，推动现代农业的发展。

4. 辩证运用"示范效应"，树立典型，更新农民观念

示范效应，亦称维特效应，指在群体中，人们会在行为上相互效仿，情绪上彼此感

染。政府及各大培训机构在新型职业农民培育过程中,要恰当运用"示范效应"。一方面,可以借助电视、报刊、广播等传统媒体以及微信、微博等新媒体,尤以新媒体为主要方式,使用新媒体技术塑造出生动的新型职业农民人物形象,加大宣传力度,发挥示范带动的作用,使农民在情感上产生共鸣,潜移默化地影响他们的行为,使其摆脱"当农民没地位、没素质"的旧观念,积极主动地参与到新型职业农民的培育中来。另一方面,可以发动农民参加"风鹏行动——新型职业农民""优秀农村实用人才""全国农村青年致富带头人"等评选活动,从身边寻找活生生的榜样,让榜样现身开展座谈会、讲座等,这样会更有说服力和感染力,让农民深刻地认识到新型职业农民是一种社会职业,是实现农业现代化的真正主体。

三、"一懂两爱"新型职业农民培育的摇篮——农业部全国新型职业农民培育示范基地

全国新型职业农民培育示范基地是指开展实际操作训练,实施现场教学,模拟承包经营、跟踪服务、政策咨询的实训基地、农民田间学校、创业孵化基地和综合类基地等。主体建设单位包括农广校、农业科研院所、涉农院校、农技推广机构、农业企业、农民合作社或市场主体等,是新型职业农民教育培训、实习实训和创业孵化的服务平台。

新型职业农民培训示范基地主要具有以下一些特征。

第一,产业发展综合高效。立足当地农业主导产业,覆盖面广、收入比重高、先进配套技术应用能力强;广泛采用先进农业机械装备和技术,实现标准化生产;农业信息化应用程度高,应用物联网和智能化农业生产技术,应用电子商务等方式营销农产品;第一二三产业紧密结合,产业链长且融合发展。

第二,技术支撑力量强。以农广校、农业科研院所、涉农院校、农技推广机构、农业企业、农民合作社为主的综合类基地为重点,重视选择企业主体、多方合作共享的培育基地;向"五区一园"以及农业科技园区、农业部现代农业技术培训基地、国家科技创新与集成示范基地倾斜。

第三,便于开展实训和观摩。重点选择特色鲜明,具有代表性、较强影响力和辐射带动力,突出农民创业创新引领;拥有服务于新型职业农民培育的人力、物力支持;有培训场地,教学设施设备,可满足标准化教学要求。

第四,组织管理规范。有满足现场教学、实习实训所需的师资队伍;具有完备的培训、实习、实训制度;有完善的教学管理人员、教师、学员、培训效果等考核评价制度;注重职业农民培育效果,有跟踪服务制度。

在培养基地中，农民能够接受到系统、专业的技术训练，并得到相关专家的指导，掌握住最先进的农业相关技术。此外，培训基地的建立更加有利于培养农民的"一懂两爱"精神，让农民能够在培训的过程中坚持党的领导，培养出正确的观念，将其在培育基地中所学到的技术合理运用在农村经济建设上，推动乡村振兴的实施。

四、"一懂两爱"新型职业农民培育的网络方式——农民教育培训网

（一）"互联网+"时代农民职业培训的政策支持

"互联网+"对我国的经济社会以及人们的生活产生了全面而又深刻的影响。随着人口红利的逐渐减弱，"互联网+"给中国农村经济发展提出了新的思路，其正重塑着中国的农村、农业和农民。"互联网+"现代农业的发展，需要培养具有互联网思维与掌握相应技术的新型职业农民，同时，"互联网+"也对农村职业教育与培训产生了革命性影响，这对具有较高教育基础的新生代农民职业教育培训而言无疑是重要利好。但要真正实现"互联网+教育培训"还面临着诸多挑战，其中，颇为重要的是，基于"互联网+"开展新生代农民职业教育培训需要得到政策层面的全力支持，因此，各级政府如何强化自身职能，加强顶层设计，为新生代农民建立互联网教育培训的坚实基础和长效机制，构筑新生代农民"互联网+教育培训"的新动能是亟待探讨的课题。

1. "互联网+"与新兴职业农民

（1）"互联网+"对新型职业农民的要求

"互联网+"通过便利的、实时的、智能的手段，不仅给农业生产经营带来新的变革，而且显著提高了农业农村的管理和服务水平，有效促进了农业向绿色、有机、生态和可持续的现代农业发展。随着"互联网+"在"三农"领域的广泛应用，农村资源配置的不断优化，农业组织化程度的不断提高，"互联网+农业"将成为改革风浪下最具潜力的蓝海，这就需要大量具有互联网思维、有文化、懂技术、会经营的新型职业农民，为现代农业建设提供人才保障。

"互联网+"能够优化资源配置、促进专业化分工、提高组织化程度、降低交易成本、提高劳动生产率，它正通过便利化、实时化、智能化的方式改变着农业农村的发展。在互联网经济的深刻影响下，网络将在农产品生产、流通、销售和服务等多方面发挥着重要作用。因此，在"互联网+"时代，作为现代农业经营主体的新型职业农民应具备四项特征。第一，应该具备较高的文化素质。"互联网+"通过各个行业的跨界融合，推动传统行业的转型升级或者催生新兴产业。这就需要新型职业农民具有较高文化素质，充分利用

互联网学习农业生产、加工、经营、管理的新技术。第二，应该拥有互联网意识。"互联网+"打破原来的结构，重新定义或者组建新的结构，以创新的变革突破原有的增长"瓶颈"，实现蚕蛹化蝶，涅槃重生。正是由于互联网的赋能，"互联网+"时代需要具有熟练使用互联网的新型职业农民直接对接市场，从产业链的末端走向前台。第三，应该具有抱团分享意识。"互联网+"时代需要新型职业农民通过抱团、分享等自组织方式搭建起交流互助、资源对接平台，以促进他们的互惠合作、共同成长。第四，应该具有创新精神。"互联网+"为新型职业农民的创新创业提供了最佳沃土，他们拥抱互联网，崇尚市场经济，能够加速农业科技成果的转化，从而激发农村经济活力，开创农村地区"大众创业、万众创新"的新局面。

（2）"互联网+"时代新型职业农民的主体

新生代农民随着"农民荒""新型职业农民""留守农民"等而逐渐进入人们研究的视野，目前，关于什么是新生代农民，学界正在积极探讨，但并没有权威定义。第一，新生代农民必须有意愿扎根农村从事农业生产、加工、经营、服务等劳动，即从事农业第一、第二、第三产劳动。第二，考虑到城乡劳动力双向流动的趋势，在未来，新生代职业农民既可以是农村户籍青年，也可以是立志做现代农民的城镇新生代劳动力。第三，新生代农民从年龄上来说应该是青年农民。

随着互联网在新生代群体中的广泛应用，网络、微博、微信覆盖到生活工作各个方面，在海量、快速、开放、交互的信息传播中，处于对新生事物高度敏感阶段的新生代农民愿意接受互联网这一新生事物，体验网络学习便捷性的同时，改变了人生观、价值观、世界观，他们开始愿意在农村广阔天地中一展身手。他们基本都接受了九年义务教育，思想比较开放，接受新事物的能力较强，学习并利用互联网技术更具优势。在"互联网+"时代，网络大大提高了农业生产水平，拉近了农业生产与销售的距离，缺乏网络意识的老一辈农民将越来越不适应"互联网+农业"的生产和营销模式，只有具备互联网思维的新生代农民才能充分利用网络优势提高农产品生产效率和质量，才能紧密结合农产品的产、供和销，因此，他们将成为"互联网+"时代新型职业农民的主要来源、新型农业经营主体的主要组成部分。

2. "互联网+"时代新生代农民职业教育培训的政策创新

诺贝尔经济学奖得主埃德蒙·菲尔普斯认为，经济活力包括革新的动力（机遇与挑战并存）、必要的能力（基础设施与人力资本）、对新事物的容忍度（宽松的政策环境）、有关的支持制度（战略导向）四个方面。因此，在推动与实现新生代农民教育培训供给侧结构性改革过程中，各级政府必须基于"互联网+"和各地新型职业农民培育的需要，积极进行顶层设计、进行积极的制度配置与政策创新,为新生代农民职业教育培训的开展奠定制度基础和政策保障。

(1) 加强农村网络基础设施建设,创设有助于新生代农民实施"互联网+教育培训"的基本保障条件

互联网是开展新生代农民教育培训的有效路径,但是,目前我国互联网教育培训的发展还远远满足不了新生代农民日益增长的素质提升需求。这与农村互联网基础设施建设滞后有关,因为农村地区,尤其是一些偏远山区互联网普及率偏低。为此,各级政府应统筹规划,加强农村网络基础设施建设。第一,强化农村网络光纤通信基站互联网应用基础设施建设,尽快构建以信息资源、信息网络、信息技术应用、信息技术和产业、信息化人才、信息化政策和法规及标准为六要素的国家信息化体系结构,建立市、县、镇、村逐级配套延伸网络,扩大农村网络覆盖范围,打通教育培训信息进入农村的"最后一公里",畅通农村通信网络,推进互联网进村入户,提高农村的信息化程度。第二,尽快推进网络提速降费的进程,发展农产品电子商务,构建农产品网络销售体系,完善农村网络消费服务体系,鼓励更多的新生代农民通过互联网进行教育培训、就业创业。第三,针对手机消费门槛低、技术成熟度高、在新生代农民群体中使用较为普及等特点,尽快实现无线网络全覆盖,帮助新生代农民随时随地接受教育培训,提升自身素质。

(2) 创新网络教育培训政策,营造有利于开展新生代农民"互联网+教育培训"的新环境

"互联网+"作为新型信息能源,成为经济增长的新动力,其发展与落实更多地依赖政府的推动,虽然最近几年国家和政府有关部门出台了一系列促进互联网教育发展的文件和政策,如《"互联网+"行动指导意见》《关于加大改革创新力度加快农业现代化建设的若干意见》《关于加快发展农村电子商务的指导意见》《关于支持农民工等人员返乡创业的意见》《关于协同推进农村物流健康发展、加快服务农业现代化的若干意见》等为加强农村互联网建设指明了方向,但文件中大多提出比较笼统的要求,缺乏具有针对性、实效性的指导文件和政策,政策的缺位造成了各地政府对新生代农民开展网络教育培训重视程度及培训效果的差异。为此,第一,要制定推动新生代农民积极利用网络教育培训资源的实施细则。要通过政策的导向作用,有意识地引导和鼓励新生代农民基于网络途径进行相关职业知识和技能的培训学习。比如,规定新生代农民每年必须通过网络学完若干门课程、取得规定学分才有资格申请新型职业农民考试,或规定哪些类型课程的学习必须经由网络来完成取得学分等。第二,要坚持政策的延续性和稳定性。近几年,国家在网络教育领域出台的相关政策,不仅较好弥补了传统教育的不足,扶持了网络教育的发展,而且在

较大程度上激发了投资者进入"互联网+教育培训"市场的热情。毋庸置疑,企业、各类职业学校以及培训机构等网络教育实施主体投资网络教育的主要目的之一就是获得回报,他们最为担心的问题就是国家政策法规的频繁调整等短期行为给他们带来难以应付和承受的风险,不利于他们做出长期规划。

第三,政府应积极推行相关政策法规,树立行业标杆,挖掘有潜力的企业,对接配套资源,在地方积极建立产业园区和企业孵化机制,促进"互联网+"传统企业的转型。第四,各级政府要研究出台吸引"互联网+"领域人才的优惠政策,建立完善人才成长机制,依托高等院校、职业学校、社区教育中心和社会培训机构建立农业互联网应用、农村电子商务人才培训和创新孵化基地,加速农业领域互联网人才的培养。结合农村电商发展实际需要,明确加强融资支持、推进电子商务育才工程、支持涉农企业做大做强等一系列支持政策。

(3) 建立网络教育培训多元投入机制,加快新生代农民"互联网+教育培训"载体的建设

随着新生代农民文化素质的提高和互联网在农村的不断普及,通过互联网对新生代农民进行职业教育培训也将越来越受欢迎。然而,网络教育培训是一项高投入、技术资本密集型的教育服务形式。为此,第一,新生代农民的职业教育培训是公益事业,各级政府要加大投入。第二,由于新生代农民网络教育培训如果单纯依靠国家和各级地方财政的投入很难满足网络教育培训对设备、技术、人才等方面的资金需求,因此,政府可以通过出台一系列鼓励政策,激励农民网络教育实施主体,尤其是农广校、中高等职业学校、社区学校和农业大学建设网络资源,积极开辟满足农民进行网络学习的园地。第三,提供更为宽松的网络教育培训政策环境,吸引更多的投资者关注新生代农民教育培训,引进社会资金与技术资源,鼓励社会力量参与新生代农民教育培训,积极开展校企合作,从而建立起政府投入和社会力量投入相结合的多元投入机制。

(4) 加强网络教育培训的监管,保障新生代农民"互联网+教育培训"的质量

随着计算机网络、数据库技术在教育培训管理中的广泛渗透与普遍应用,农民教育培训工作可以逐步从课堂向网络教学培训转变,新生代农民可以利用互联网进行咨询、报名、交费、选课、查询、学籍(历)管理、作业与考试管理等。这就迫切需要通过建立网络教育培训质量监管、评价体系,从理论、技术、能力等维度,通过多种形式检测、评估教育培训质量。因此,一方面,政府要加强网络教育培训过程的监管,建立网络评价系统,有助于在各培训主体中形成竞争优势,督促培训主体提高培训质量,从而提升新生代农民教育培训效果,保障新生代农民"互联网+教育培训"质量。另一方面,应加强对新

生代农民网络教育培训经费使用的监管，做到专款专用，保障新生代农民网络教育培训的有序开展，对促进网络教育培训市场规范、可持续发展具有积极意义。

（二）失地农民网络远程教育

失地农民是城镇化建设中出现的特殊群体，数量众多，分布广泛，失地农民转移再就业现实而迫切。

1. 有关失地农民职业教育培训的几点认识

失地农民的转移再就业是一个现实性的问题，既是关乎民生问题的重要部分，也是比较复杂和困难的社会工作之一。由于农民生存的历史渊源和固有特性，转移再就业和就业教育培训所存在的困难是难以避免的，如何认识这一问题的实质性，将关系到远程教育在农民职业教育中的有效开展。

（1）失地农民转移再就业的现实困境

从空间距离上讲，失地农民转移再就业并不遥远，随着城镇化发展的深入，农民进城实现新的职业转移并不需要像过去那样千里迢迢，还有的甚至足不离村也可以实现就业转移。但是，对于很多失地农民来说，从长期的农业劳动转换为新的非农职业，这中间的路程将会阻隔重重。首先，对多数失地农民来说，对进行职业转换并选择新的职业难以适应，因为他们的精神准备和心理预期并不充分，尽管进城务工的现象并不鲜见，但失去土地依然令其始料未及，一旦失去土地并完全依靠新的职业谋生，不少农民在心理上还是"没底"的，精神压力之大可想而知。其次，失地农民并非都是年轻群体，一些年老体弱的农村人员一辈子"土里刨食"，转移再就业不仅在心理上顾虑重重，在实际中也有很多障碍。也就是说，农村老年农民群体和年青一代并不能等同视之——这也是最现实的困境之一。最后，随着城市就业压力增加，就业竞争加大也为失地农民的进城务工带来了更多困难，而就地就业又缺乏相应的产业支撑和市场支持，所以说失地农民的转移再就业是一项既迫切又复杂的问题。

（2）失地农民职业培训的特殊性

针对失地农民的转移就业培训不仅是一项浩大的工程，而且是一项复杂的任务。工程浩大是因为农民失地现象在城镇化建设中是分布广泛的，失地农民的数量规模是较大的；复杂则是因为失地农民除了"失去土地"这一共性之外，其他方面却千差万别，性别年龄、文化层次、思想观念、心理意识、经济条件、综合素质及地域特性等各方面都不一样，所有这些都将为职业培训增加更多不确定性。尤其是，失地农民的职业培训并不像城市职工或在岗人员那样有着明确的方向和具体的目标，如失地农民在失去土地以后的大规模就业场所在哪里？产业支撑是什么？都有哪些岗位可以接纳？是实现就地再就业，还是异地再就业？宏观规划是什么？总之，如果缺乏顶层设计和整体规划，那么失地农民的职业培训就会变得盲目，即便通过专项拨款为失地农民解决了培训经费问题，也难以有效解决失地农民的再就业问题。因此，失地农民的再就业培训具有弹性大、方向性不明、约束力不强等特点，我们对此必须要有充分认识。

(3) 远程教育在农民职业培训中的优势

网络通信技术的良好运用，使现代远程教育在职业培训中的优势显著，如教育时空的突破、学习资源的丰富、学习活动的灵活、沟通交流的无界限、个性学习的选择等。在教育大众化下，现代远程教育无疑能够最大化满足各种不同的学习需求。从失地农民职业教育的种种特征来看，远程教育充分高效运用显然是极为合适的。

首先，远程教育能够满足面广量大的学习需求，这对于解决全社会失地农民普遍面临的转移再就业问题十分可行，如果开展得好，必将是有效的。其次，远程教育能够在较低的教育成本下实现教育的普遍化。失地农民的就业教育不仅范围广泛，而且规模宏大，教育成本控制应是其中较为重要的一个考量，如果各地均开展传统形式的集中授课制，是不现实的，而远程教育则完全可以颠覆这种方式，失地农民不必离家即可实现再就业教育，使学习支出大为缩减。最后，远程教育在为失地农民提供均等学习机会的同时，还能满足其个性化学习需求。这对于不同地域、不同素质和不同要求的学习者来说，也是非常关键的。而且，教学方式灵活多样使失地农民不会因学习而影响工作生活。因而，远程教育是开展失地农民在就业职业教育的理想途径。

2. 开展失地农民远程职业教育培训的有效对策

基于以上各方面的认识，引导农民积极参与现代远程职业教育是必然之举。一方面，远程教育模式在各方面均较为适合失地农民的自身条件和培训需求；另一方面，远程教育在现代教育中更为适应教育的发展趋势，在职业教育中也更具自身优势。因此，应加强失地农民的远程教育设施建设，建立完善针对失地农民的远程教育培训模式，促进社会培训健康持续发展。

(1) 引导失地农民参与远程职业教育

失地农民的"失地"与转移再就业的愿望是一个起点，而引导、鼓励他们积极参与职业教育却并不是终点，甚至可以说这只是一个起点。这就是说，在引导、鼓励失地农民参加职业教育的同时，必须将后续工作做实做好，让失地农民通过职业教育的"第一步"而踏上再就业的"第二步"，从此开启新的生活。否则，失地农民就没有参与职业培训的积极性，有关问题也就无法解决。引导失地农民积极参加远程教育，首先，做好宣传鼓动工作，营造氛围，广泛发动，让群众充分认识参加职业培训的必要性和长远价值意义，不能局限于短期利益和暂时性收益。其次，当地政府要担负起"穿针引线"的组织、引导作用，不仅要发动教育主管部门和有关培训机构深入基层和农户家庭进行走访，以了解失地农民的心理愿望和真实需求；还要深入企业进行调查研究，以掌握当地企业发展、产业水平及用人能力，为有针对性地开展失地农民职业教育寻找现实依据。最后，相关部门要根据掌握情况制定培训菜单，起草培训方案，并告知村民，以确保人人知晓和全体参与，保证职业培训顺畅进行。

（2）设计全面系统的远程教育培训模式

远程教育需要网络传送技术的支持。随着农村互联网覆盖率的提高，将远程教育拓展延伸到农村地区并不是问题，问题是要在加强远程教育基础设施建设的同时，怎样建立起适合于失地农民职业教育的技术支撑平台和学习支持系统，以让农民学习者感觉到网络学习的可行、易行，并看到职业培训的现实价值意义。第一，要加强失地农民转移再就业远程教育的基础设施建设，尤其是现代远程教育的软硬件建设，要因地制宜，将互联网、视频教学、印刷品等各种不同形式的课程资源结合、融合起来，最大化改善办学质量。第二，要不断提高互联网运行质量，通过提高课件的智能化、网络学习的交互性等简化学习程序，降低学习难度，提高学习效率，促进学习水平。第三，还要针对农民学习群体而配置丰富的学习策略指导咨询人员，以对远程教育学习指导系统的运用进行指导，对远程网络学习进行专门指导和训练。第四，要在课程设计、教学内容、学习方式、实习考试等方面设计出适宜农民学员的特有形式和方法，在降低学习难度的同时，提高学习的时效性和实用性，促进失地农民职业学习的可持续发展。

（3）构建多元化协作性市场培训机制

失地农民职业教育的市场化机制并不是将失地农民的再就业问题交给市场，或者推给市场，失地农民职业培训的市场化有其自身含义和要求。对于鼓励农民参加远程教育这项工作来说，一方面，农民失地是城镇化建设中出现的现象，也是经济市场化发展的必然，完善远程教育的制度和机制，就是顺应市场的要求，使农民重新适应人力资源市场的新变化、新标准和新要求，顺利完成角色转换，成为经济发展新常态下的社会一员。另一方面，建设失地农民职业培训的市场化，就是要营造职业培训的市场化氛围，培育职业培训的市场化机制，推动职业培训市场化不断成熟，将农民参加职业培训和其他行业职工的职业培训对接起来，和终身学习体制融合起来，形成职业培训的健康机制和长效机制，才能推动职业培训的健康持续发展。对此，远程教育系统应加快改革与转型，应积极迎接农民参与职业培训大潮的到来，抓住机遇，构建市场化职业培训机制和盈利化职业培训模式，以吸引更多农民加入职业培训的远程教育中来。另外，应充分利用远程教育的特征优势构建多元化、协作性市场培训机构，使失地农民可以有多个职业培训的选择机会，在尊重农民职业培训自主权的前提下，切实维护失地农民的教育权益，实现新的职业转移，使这项工作成为推动社会转型发展的有益因素和前进动力。

第二节 "一懂两爱"农业高科技人才培养实践

一、"一懂两爱"的农业高科技人才

"一懂两爱"是我国施行乡村振兴战略过程当中对农村人才最基本的要求，对于农村科技人才也不例外。注重培养"一懂两爱"的农村科技人才，有助于缓解我国农村科技人才发展现状中的种种弊端。

前文已述，我国农业高科技人才队伍目前而言尚不稳定，很多高精尖科技人才出于自己前途和经济的考虑，选择向大城市发展，要想改善这种现状，除了改善人才环境之外，我们还能够通过加强"一懂两爱"思想建设，让农村科技人才能够真正意识到扎根农村，帮助农村经济发展对于自身而言也是很好的发展前景，同时对于国家乡村振兴政策的实施而言也有着重要的推动意义。

二、"一懂两爱"科技人才培育的先行者——农业高科技人才培训中心

农业高科技人才培训中心是培育"一懂两爱"科技人才的重要基地，同时也是"一懂两爱"科技人才培育的先行者。

目前，我国十分缺乏对于农村科技人才的系统培训项目，这就导致我国很多科技人才空有理论知识，却无法很好地将理论知识运用到农业生产中去；而熟知农业生产活动的人才却对先进科技知之甚少。农业高科技人才培训中心的建立能够最大限度上避免这种情况的出现。

在培训中心，培训课程将先进的科学理论与农业活动的实践相互结合起来，最大限度地保证在训人员能够进行农业实践，将科技相关理论知识运用到实践当中，并在实践当中不断地对理论知识进行校正。

"一懂两爱"人才的首要要求是懂农业。农业高科技人才培训中心的开办能够让农业高科技人才在学习科学技术之余更好地了解农业，从生产到经营全方面地参与农业生产经

营活动，全面了解农业、读懂农业。

三、发展高科技农业，化解农业风险

（一）高科技农业在化解农业风险中的作用

1. 高科技农业的内涵

高科技农业，就是将高新技术融入产品生产经营全过程中的现代农业。发展高科技农业，就是利用技术革命和技术革新的成果，来改造传统农业，促进农业由量变上升到质变，使农业能够持续、稳定、安全地向前发展。

2. 高科技农业是化解农业风险的关键

高科技农业在化解农业风险中的关键性作用，主要表现如下方面。

第一，高科技农业是解决农业资源短缺问题的关键。工业化社会初期，财富来源于原材料、土地和资本；而在知识经济社会中，人力资本和技术资本则成为创造社会财富的主体。

第二，高科技农业是解决农产品安全供给问题的关键。农业科技革命，使农业产量翻了三番，保障了世界农产品特别是粮食的供给安全。

第三，高科技农业是解决农业可持续发展问题的关键。高科技农业在解决了以上两大难题之后，就大大缓解了生存和发展对生态环境所造成的压力，有利于农业的可持续发展。

第四，高科技农业是解决农民收入问题的关键。

第五，高科技农业是解决农产品竞争力问题的关键。发达国家的经验告诉我们，不发展高科技农业，就难以抢占战略竞争的制高点。

（二）发展高科技农业的总体思路

1. 发展高科技农业的目标

发展高科技农业，必须以化解农业风险为目标，大力推动农业科技进步，有针对性地发展农业高新技术。通过发展高科技农业，在保证粮食安全的前提下，提高农业综合素质和国际竞争力，使农业符合市场经济运行规律，促进农业由弱质产业向高效益产业的转变，实现中国农业的可持续发展。

2. 发展高科技农业的重点

坚持"有所为，有所不为"，突出技术创新，突出重点领域，突出安全性和比较优势，

加强科学研究的针对性，形成合理的农业科技布局。高科技农业发展的方向主要集中在如下三个方面。

①加强化解资源风险的科学研究，切实保证中国农业的可持续发展。

②加强化解自然风险的科学研究，实现由靠天吃饭向靠科技吃饭的转变。

③加强化解市场风险的科学研究，为农民增收和农产品供给安全提供强有力的支撑。

3. 发展高科技农业的原则

为实现上述目标，突破工作重点，在具体操作上，必须坚持如下原则。

①一般性与特殊性相结合。

②先进性与适用性相结合。

③生物技术与机械技术相结合。

④"官"与"民"相结合。充分调动政府、企业、农民等各方面力量的积极性、创造性，形成政府主导的、多元化的新型农业科技创新体系。

⑤科学研究与科技成果推广应用相结合。

⑥自主创新与引进相结合。

⑦技术递进与技术跨越相结合。技术递进是指沿着技术效率由低到达高的顺序，依次进行的农业技术改造活动，是经常性的农业技术进步模式；技术跨越是指沿着技术效率由低到高的逻辑顺序，一次跨过一个或几个技术阶梯，直接跃入更高效率技术形态。

(三) 我国高科技农业的运行机制

农业风险能否得到有效化解，高科技农业能否健康发展，既取决于农业高新技术的研究和创新情况，又取决于已获取的高新技术成果能否得以推广和应用。因此，深入探讨从高新技术成果的取得到成果的转化、推广和应用的机制即高科技农业的运行机制，是发展高科技农业的关键。一般说来，高科技农业的运行机制主要有：

1. 制度安排与政策机制

农业制度的安排同高科技农业的发展有着极为密切的联系，如何在坚持和稳定现有制度的基础上，扩大经营规模，降低高科技农业的发展成本，是我们的一项重要任务，这涉及未来政策的基本走向。政府应充分认识发展高科技农业的重要性。各级领导要树立科兴农意识，充分认识到发展高科技农业对于化解我国农业风险的重大意义，并且在政策的制定上，真正把发展高科技农业摆在重要的位置。政府要为高科技农业的发展指出方向。

2. 市场调节机制

市场需求是高科技农业发展的方向。科研机构要根据农业生产经营的需要确定研究项目，不能盲目地研究。技术市场是技术交易的场所，农业高新技术通过技术市场交易，投资者可以直接得到收益，补偿技术科研投资成本，刺激进一步投资高新技术开发的投资热情。通过技术市场的信息反馈，农业高新技术的研究才能把握市场需求，便于高新技术的转让，从而产生经济效益和社会效益。因此，高新技术市场体系的建立以及市场机制的培育是高科技农业发展的重要环境。

3. 资金投入机制

发展高科技农业是一项高投入的系统工程，高技术农业的产出率在很大程度上取决于各投资主体对高新技术的投入数量。所以，在发展高科技农业的过程中，应完善与健全高科技农业发展的投入机制，逐步形成以政府为主导的多元投资主体。

第一，进一步明确政府投资的主体地位。《中华人民共和国科学技术进步法》和《中华人民共和国农业法》都规定政府对农业研究的投入增长幅度必须高于国家财政经常性收入的增长幅度，确立了国家对农业高新技术投资的主体地位。要通过多种途径，增加各级政府、全社会对农业科技的投入，中央和地方每年都要在基建拨款中，安排一定数量的专项资金用于重点科研基地和重大科技工程的建设。

第二，鼓励企业和社会团体投资高新技术农业。农业经营实体及农业科技经营开发公司、农业专业技术协会等组织，应着力投资于农业高新技术的开发、推广和应用研究，由此而形成相互依存、各有侧重的投资机制。

第三，积极推进利用外资，争取国际科技合作与援助。

第四，通过股份制筹集资金。即以农业高新技术产业化项目为募股或集资的主体，向社会定向或公开募集农业技术项目所需资金，并按照股份制的要求进行组织和运作。

4. 科技创新机制

科技创新是高科技农业发展的必由之路，我们一定要构建科技创新机制，为高科技农业的发展提供支撑。

第一，建立一个宏大的、高质量的农业科技创新体系。我们要按照高科技农业发展的要求，深化农业科研机构改革，重新配置科研院所，提高科研效率，提高农业科研整体水平和创新能力。

第二，坚持有所为、有所不为。我国的国力与农业发展水平不允许、也不可能全面进行高新技术的开发与应用，必须抓住我国农村产业结构的关键与重点，选择关系到培育新产业生长点与传统产业改造等关键的高新技术。对这些技术要集中力量、重点突破，争取时效，强调效益。

第三，继承与创新相结合。继承我国传统农业体系和吸收西方常规的技术体系中的科学精华，适应我国农业的特点，允许劳动、资金和知识密集型技术的时空交叉发展，推动高新技术向传统农业的渗透，建立有中国特色的技术、生态、经济协调统一的多层次的集约农业技术体系。

5. 推广应用机制

新的农业技术推广应用机制应突出两条，一是由政府行为逐渐转变为社会行为，二是农户成为推广应用的主体。按照物化程度的不同，高科技农业中的高新技术可以分为两种形态：一种是已经物化的技术，形成了农业技术产品，它们可以根据市场经济的原则去运作；另一种是未经过物化的、还停留在知识或信息形态的技术，它暂时只能通过农业技术人员提高服务而得到推广。对于后一种形式，我国一直由政府包办，效果越来越差，科技成果转化率很低。在市场经济条件下，科技成果的转化与推广不应再以政府为主，而应成为社会行为。除基础性研究和推广体系的建设外，其余的工作应交由社会来承担。社会在进行技术推广应用的过程中，应以农户为中心，形成"自下而上"的推广应用机制。因为农户是技术的最终需求者，而不是技术的被动接受者。

根据上述要求，在构建农业技术推广应用机制过程中，要特别注意这样几个问题：

①逐步建立起覆盖城乡科技情报网络。

②改革和完善现有政府推广体系，从机构的设置，人员的配备，经费的到位等方面强化推广工作。

③充分发挥各级农业中介经营机构、专业技术协会等组织的作用，加大推广力度。

④科研、教学、示范推广三位一体。

⑤技、贸、工、农一体化经营型。

⑥切实加强农业科技推广和科技服务体系的建设。

⑦要加快培育产学研结合的农业科技企业。

⑧农民要不断提高自身素质，增强接纳新科技的主动性和积极性。

⑨规范和加快农业高新技术示范园区建设。

6. 风险控制与管理机制

高科技农业发展本身存在着非常高的风险，农业更容易受到自然界突变现象的影响，因而高科技农业的发展面临着很大的自然风险；农业高科技从供给者手中转移到使用者手中的环节多，容易出现信息丢失和信息扭曲，从而产生信息不对称的风险；农业技术尤其是相当一部分生物技术，具有很强的地域性，高科技农业的发展要求农业高新技术跨越地域局限广泛推广，由此便产生了新的风险；高新技术农业投入高，不只是指研究本身大量投资，而且包含着因技术失败或科技产品缺乏市场而带来的高风险，通常农业科技成果转化成功率一般不到50%，高新技术成果转化率更低，这就形成了市场风险；农民作为高新技术的主要需求者，收入水平长期得不到应有的提高，对风险的承受能力极低，农民的文化素质不高和市场经济观念仍较淡薄，使高科技农业的发展"险上加险"。因此，建立高科技农业的风险控制和管理机制十分重要。

7. 人才培育机制

发展高科技农业必须调动全社会力量，其中的核心问题是人才队伍建设。能不能培养人才、吸引人才、用好人才，决定了高科技农业发展的成败。各级政府要为农业科技的发展创造更好的环境，采取得力的措施，造就宏大的农业科技队伍。我们要通过体制改革、环境优化、观念转变，不拘一格发现人才、使用人才，对有突出贡献的农业科技人员要实行重奖，鼓励农业科技人员为实现农业现代化作出贡献。要做好吸引国外留学生的工作，按照"支持留学、鼓励回国、来去自由"的原则，鼓励和引导留学人员、留居海外的农业科技人员回国工作或在国外为我国高科技农业的发展献计献策。

农业科技进步已成为农业和农村经济发展的主要推动力。现在农业已经成为现代生物技术和信息技术应用最广阔、最活跃、最富有挑战性的领域，高科技农业的发展，将使农业发生革命性变化。中国的农业如果不停留于常规技术的渐进，而是乘新技术革命浪潮之风，发展高科技农业将有效化解农业风险，推动农业的跨越发展。

第三节 "一懂两爱"专业技术人员的培养实践

一、农村职业经纪人培养实践

（一）乡村振兴战略中的农村职业经纪人

农村职业经纪人是指活跃在农村经济领域，以收取佣金为目的，为了促成他人交易而对涉农商品项目进行中介服务的公民、法人或其他经济组织。农村职业经纪人既迎合了"三农"发展的需求，更在农民与厂商、城市和农村之间建起了一座经济桥梁。

1. 农村职业经纪人在农村经济发展中的意义及作用

随着农村经济体制的改革，在传统的农产品流通环节中逐渐涌现出了一批被称为"农村经纪人"的农民群体，和传统观念上种地为生的农民不同，农村职业经纪人主要从事农产品营销、农业科技推广、农业新领域开发等业务。在拥有一定的职业技能的同时，这些农村职业经纪人还具有较为敏锐的市场营销意识，在长久的发展过程中凭借自己出色的能力与营销意识逐步成为农产品种植和营销的带头人、结合点，推动了农村经济的发展。

农村职业经纪人的出现和发展，对于增加农产品交易量有着极大的促进作用，同时对于现代农业实用技术的推广和普及有着一定的推动作用，客观上提高了农业生产的科技水平，并让农业科技成果的转化进一步加速，为农业产业化经营注入了全新的活力。在我国农村经济的发展过程中，大量的事实已经证明，农村经纪人不仅是连接市场与农产品之间的桥梁，更是推动农村社会发展的重要力量。

大多数农村职业经纪人是农村的致富能人，他们在利用自己的职业技能和敏锐的市场洞察力增收致富的同时，更能向农户传递市场信息，带动农户面向市场调整优化农业生产结构。总体而言，农村职业经纪人对于组织引导农民进入市场、全面搞活农产品流通、对农业产业结构进行优化调整、帮助带动周边农户发展生产，同时增加收入，改善生活方面有着重要的意义，在促进农村经济发展、实现助农增收，帮助农村全面发展发挥了重要的作用。

2. 农村职业经纪人的分类

农村职业经纪人按照其分工和涉及领域的不同，主要可以分为以下几类：营销经纪人、科技经纪人、信息经纪人、储运、加工经纪人等。在这几类农村职业经纪人当中，营销经纪人较为传统，他们充分依托市场动态，帮助农户解决农产品的流通难题，是农村职业经纪人的初级形式，这一类型的农村职业经纪人包括粮食经纪人、水果经纪人等；科技经纪人能够将科学的种养殖技术传播给农户，引导他们将新兴技术与传统农业相互结合，有效提升技术转化率；信息经纪人则熟知市场各种信息，并将这些信息提供给相应的受众，从中获得一定的费用。一般来说，农村职业经纪人仅负责"牵线搭桥"，而不过问具体的生产环节。

农村职业经纪人事实上并不仅仅指某一自然人，它的形式包括以下三类。

一是公司形式的经纪人组织。这一类经纪人组织有着明确的企业法人代表，所有权、经营权都较为明晰，市场分析能力较强，同时有着一定的抗风险能力，这种形式的农村职业经纪人是未来农村职业经纪人的主要方向。

二是协会形式的经纪人组织。这种形式的农村职业经纪人由于是自发建立，其产权关系往往不够清晰，观念层面较为局限。专业协会型的农村职业经纪人又可以进一步分为两种类型。

①技术服务型：这一类型的职业经纪人主要为农村农业的发展提供相关的技术支持，他们致力于将科学研究成果进一步转化为现实劳动，在农事活动中为农户提供相关的技术服务，帮助农户们通过新技术的应用提高产量，提升收入。

②市场开拓型：这一类农村职业经纪人有更加明确的分工，种植农户专心负责种植，市场农户专心负责市场，机构建立专心负责机构的建立与进一步完善，销售人员则专心负责相关产品的销售业务。此外，协会将根据市场需要，对农事活动的选种、育苗等各个环节都提出统一的要求，使农户们的生产经营更加符合市场需求，帮助农户们将风险控制在最小限度。

三是个体经济人。这一类农村职业经纪人以个人的名义从事经营活动，其经营的资本通常以个人的财产为主，并对自己的活动所产生的后果全权负责。由于该类经纪人的经营规模较小，通常业务量不高，其承担的风险也随之偏小。由于没有形成规模化的经营，这一类农村职业经纪人需要根据信息寻找市场，他们没有固定的经营组织和网络，也没有挂靠相应的企业经营，只是利用自己手中所掌握的信息进行一些经营服务。由于这一类农村职业经纪人是个体形式经营，调整较快，获取市场信息的能力与渠道十分有限，农户的信任度不高，因此这一类职业经纪人往往无法形成规模化经营的模式。

（二）"一懂两爱"的农村职业经纪人

在乡村振兴战略深化实施的今天，"一懂两爱"的农村经纪人无疑是农村经纪人发展的方向。

在过去，农村职业经纪人由于入行门槛低、行业内人员流动性大，农村职业经济人在经营的过程当中对农民的实际帮助十分有限，很多人仅仅注重一己私利，对于农民的权益视而不见。要想真正发挥农村职业经纪人在农村经济发展中的作用，就必须要培养出一支"一懂两爱"的农村职业经纪人队伍。

农村职业经纪人懂农业，能够更好地利用自己所掌握的信息资源和科学技术帮助推动农业技术转型，让种养殖实现增收。农村职业经纪人爱农村，能够保证农村职业经济人在长久的工作当中保持初心扎根农村，为农村的经济发展作出贡献。农村职业经纪人爱农民，能够保证在工作的过程当中充分考虑农民的需求，不会出现为了一己私利而克扣农民利益的行为。

"一懂两爱"的农村职业经纪人是乡村振兴战略实施过程中不可或缺的重要力量，尤其在当前阶段，农民的生产经营都与农村职业经济人息息相关，因此，农村经济人的"一懂两爱"精神就显得格外重要。

而随着国家乡村振兴战略和"三农"工作的推进和实施，农村职业经纪人的工作势必也会面临更多的挑战。因此，农村职业经纪人必须要在"一懂两爱"重要思想的指导下不断学习、进步，与时俱进，从而更好地接受时代的挑战，为农民的生产服务、为农村的经济建设添砖加瓦。

（三）新型职业农民农村经纪人培训

随着乡村振兴战略和"三农"工作要求的深入实施，农村职业经纪人也面临着全新的挑战。如何在农村职业经纪人的工作当中全面落实"一懂两爱"的基本要求，将农村职业经纪人打造成带动农村人口致富的先头部队，将农户与市场紧密联系起来，推动农业技术和农村经济的发展。

只有真正懂农业、爱农村、爱农民的农村职业经纪人才能够有足够担当，守住自己的初心，并为农村经济的发展付出真情。那么，如何培养出一支"一懂两爱"的农村职业经纪人队伍对于农村经济的发展而言就是当务之急。

1. 新型职业农民农村经纪人培训班开办的意义

随着国家乡村振兴战略的深入实施，"一懂两爱"人才在"三农"发展过程中的重要性也随之显现出来。农村职业经纪人作为推动农民创收、农业转型和农村经济发展的重要力量，在加强其职业素养以及个人能力的同时，对"一懂两爱"精神的塑造也是十分重要的。

农村职业经纪人在工作中需要长时间扎根农村、与农民交流，其工作直接连接着农民与市场，是农民与市场之间的经济桥梁。因此，只有真正爱农村的农村经纪人才能够坚守初心，将农村经济发展和集体的利益放在自身的利益之前；只有"懂农民"才能够在工作中真正考虑到农民的需求，更好地帮助农民与市场打交道，帮助农民走上致富的道路；此外，"懂农业"的农村职业经纪人才能够在风云变幻的市场中更好地看清局势，帮助推动农业转型，使农业向更加科学的方向发展。

"一懂两爱"农村经纪人的培养除了塑造其"一懂两爱"的精神，对其职业能力的培养也很重要。在农村职业经纪人的培养过程中，对于职业经纪人的文化培养要格外重视，包括如何敏锐地捕捉到市场信息、如何建立起一个即时、迅速的信息网络等。同时应当帮助农村职业经纪人转变思维，走出传统的"买卖"思维，更多地向"创新"方向发展，让农村职业经纪人有能力推动农村科技的普及、经济的发展以及农业的转型。

2. 新型农村职业经纪人培训班的实践

农村职业经纪人是农民致富的先头部队，为农村经济发展起到了推动作用。在经济飞速发展的今天，如何开办农村职业经纪人培训班，使农村职业经纪人得到成长，在农村经济发展中发挥应有的作用无疑是当务之急。

（1）农村经纪人培训班的参训人员

从沿河自治县农村经纪人培训班的参训人员中我们可以看到，参训人员不仅包括农村经纪人从业者，还包括一些农村致富能人、生产大户、种养殖大户和有一定教育背景的年轻人，参训人员的多样化更加有利于学员之间的相互交流，打破思维定式，并建立起一个完善的信息交流网。

农村党员的参与，有助于提升学员的思想觉悟，帮助学员们树立起"一懂两爱"的意识，带领学员们学习党的精神，让学员们在习得技能之余也能够提升思想境界。

生产大户、种养殖大户的参与能够帮助学员们最大限度地了解到现阶段农村的生产力状况；电商服务站负责人的参与则能够帮助学员开拓思维，在电商模式下找到发展的新道路。大、中专毕业生在文化程度上虽然比本科生弱势，但他们在长期的学习中积累了更多的专业实践知识，能够更好地帮助农民们将新兴技术运用到实践中去，同时对于产品的交易与流通他们也有着一定的经验。此外，致富能人、返乡创业青年等参训人员都有着各自不同的长处，将这些人集中进行培训，除了课上培训内容之外，学员还能通过私下的交流收获更多知识。

另外，我们注意到，参与培训的学员从生产、种养殖大户到创业人员、大中专毕业生、合作社经济组织负责人，贯穿、渗透了农村经济生产的全过程。他们对于农村经济有着自己的体会、见解，对他们进行新型农村职业经纪人的培养，除了能够培养出一批优秀的农村经纪人骨干之外，还能够对农村经济生产的各个环节进行相应的优化，真正地推动农村经济的发展。

（2）培训内容

从沿河自治县农村经纪人培训班的相关课程当中我们可以看出，培训的相关课程主要可以分为两个部分：一是以贸易为中心的相关课程，二是以电商模式为中心的相关课程。

在新型农村经纪人培训的相关课程中，我们首先应当明确农村职业经纪人的主要工作是"贸易"，将农村生产的产品与市场紧密连接，为农村带来经济收益。因此，在农村职业经纪人的培训过程当中，以贸易为中心的课程是重中之重。此外，为了迎合时代的发展，与国际接轨，农村职业经纪人的贸易相关课程也应当适当加入国际经济贸易的课程。培训班可以邀请大学老师和优秀贸易人才对学员进行理论与实践两方面的教学，帮助学员培养国际贸易意识，开拓农产品国际贸易的相关渠道。

随着科技的发展，电商的发展也如火如荼。电商的发达为人们的生活带来了极大的便利。越来越多的人选择在线上进行购物,每逢节假日各大电商平台的促销活动都能吸引大批的消费者。可以说,对于农产品经销而言,电商平台是未来主要的发展方向之一。

农村职业经纪人作为农村经济发展的先锋,应该充分意识到电商模式下"三农"所面对的机遇与挑战。在经纪人培训班当中,组织者应当向学员强调新时代电商在经济发展中的重要地位,并向学员说明在电商模式下应当如何进行农业经济人的相关工作,如何利用电商平台更好地收集、整理相关信息,销售相关农产品。

(3) 思想转变

新型农村职业经纪人培训班还有一个很重要的任务便是帮助农村职业经纪人进行思想上的转变。过去农村经纪人由于受教育程度较低、个人素质不高,其缺乏统一的引导和管理,在经营过程当中反映出了各种各样的问题。例如,上文所提到过的市场混乱、农民利益无法得到保障;农村经纪人各自为政、缺乏交流,导致信息滞后无法及时为农民提供相应的信息,帮助农民在种养殖活动中选择适当的作物、动物种类,或出现农产品滞销等问题。

新型农村职业经纪人培训班在创办的过程当中应当大力帮助学员改变原有的小农思想,帮助学员之间建立起一个完整的信息网,并且保证学员都能够通过网络等方法获得及时的市场动态。

此外,帮助学员意识到自己在农村经济发展过程中的重要作用、培养学员"一懂两爱"精神也是培训班的任务之一。只有爱农村的农村经纪人才会真正扎根农村、为农村经济发展做出贡献;只有真正懂农民的农村经纪人才明白农民真正的诉求是什么,才能够带领、帮助农民走上致富的道路;只有真正懂农业的农村经纪人才能够妥善处理市场的信息,推动农业转型,帮助农业发展向更加科学的方向发展。

二、"一懂两爱"工商企业家培养实践

(一) 乡村振兴战略中的工商企业家

工商企业家往往有着较为成功的事业,在长期的经营过程当中积累了丰富的经营经验,能够为农村地区的第三产业发展提供相应的建议。

乡村振兴战略中的要务之一便是乡村经济振兴,而要想实现乡村经济振兴,改善农村现有的生产经营方式势在必行。在传统的农村经营活动当中,农民大多只负责农产品的生产,而加工、经营等方式由农村职业经纪人为媒介进行,很少直接参与农产品的经营环节。而工商企业家的经营经验能够很好地帮助农民开拓思路,打开经营路线,直接将农民

与市场联系起来，让农民能够从农产品的经营当中最大限度地获得利润。

例如，如今农村淘宝的兴起，就能够很好地帮助农民进行相关产品的销售，让农民通过网络直接与买方联系起来，直接地了解到市场动态。此外，工商企业家拥有的雄厚资金力量更是能够帮助农村地区改善现有的基础设施，帮助农民拓宽获得信息的渠道，从生产、经营的各个环节参与农村的建设。

（二）"一懂两爱"的工商企业家

对于工商企业家而言，拥有"一懂两爱"精神不仅是他们投身农村建设的前提，也是他们能够长期帮助农村建设，推动农村经济发展的根本保障。

随着乡村振兴战略的推进实施，越来越多的工商企业家正参与农村经济的建设，但我们应当看到，在这些工商企业家中，有一部分只是为了自己企业的声誉和发展而开展相关工作的，真正出于对农村的热爱、对农民的关爱之情的工商企业家事实上不占多数。

要想长期地推动乡村振兴，工商企业家就必须具备"一懂两爱"的精神。

首先，懂农业的工商企业家才能够有针对性地对农村科技相关项目进行投资，并为农民带来生产经营活动中所需的信息与技术。其次，爱农村的工商企业家能够长期、稳定地对农村经济发展做出贡献，例如，帮助农村进行公共设施建设、建立乡村企业为返乡农民和农村人才提供更多的就业机会。最后，爱农民让工商企业家能够更加关注农民的需求，并根据农民的需求制定相关的对策，为农民提供帮助。

"一懂两爱"的工商企业家在乡村振兴战略实施中是不可或缺的一股重要力量，相对于其他人才而言，工商企业家不仅能够以自己的才智与技能推动农村经济发展与农业技术转型，更能够为农村地区提供一定的经济援助，为农村人才提供更多更好的就业机会；更有能力帮助政府一同培养乡村振兴战略中所需要的各种人才。

（三）"一懂两爱"工商企业家培育的成功实践——淘宝大学

1. "互联网+"背景下的农村淘宝发展

（1）"互联网+"背景下农村淘宝概述

农村淘宝是阿里巴巴的一个战略性项目，简单来讲，就是通过建立村级的服务站点借助互联网技术搭建互联网在农村的平台，通过物流技术将农产品入城，将电商产品下乡，从而实现服务农村生产、农民致富、农业进步。农村淘宝这一理念的提出和实践有效地解决了农村信息闭塞、农产品销售渠道单一等问题，同时，有效搭建起了农民购买产品的途径，改变多年以来农村产品质量低、价格贵、选择少的问题，有利于让农村享受到互联网技术带来的福利，提高农村农产品的价格，让更多的人吃到绿色食品，让更多的好产品流入农村，促进经济社会发展。

（2）农村淘宝发展的特点及面临的问题

①发展特点。我国农村淘宝现阶段发展特点主要有三个：发展速度快；选择渠道多；产品质量好。

一是发展速度快。由此可见，农村淘宝的发展速度非常快，其发展的前景十分看好。

二是选择渠道多。农村淘宝的建立一方面让农村产品得以上线，通过淘宝这个大的交易平台，结合当地政府的平台搭建，可以让农产品打破在当地交易、销售难、渠道少的"短板"，为农产品卖出好价格提供更多的选择。另一方面，通过淘宝的网上购物，可以让农户购买更加丰富的农用产品、生活用品，在淘宝平台可以享受到更多的产品供应商的选择，进行货比三家，从而丰富购买产品的渠道，能够通过淘宝买到自己喜欢的位于任何角落的产品。

三是产品质量好。长期以来，农村地区由于人口分布较为分散、消费能力较低等众多因素，在广大的农村地区往往只是家门口的小卖部或者集市上的一些小型的小商贩为广大农户提供各类产品，这些产品往往质量低下，甚至是城市中被淘汰的产品。同时，由于信息闭塞、交通不便等因素，广大农村的农产品特别是绿色食品不为人知，缺乏销售渠道。然而，通过农村淘宝的建立，搭建起了城市和农村产品互通有无的渠道，能够为广大的农户提供更多的选择、更好的产品，为农村优质的农产品提供更多的销售渠道。

②面临的问题。一是专业电商人才缺乏。目前，农村淘宝的从业人员和服务人员主要来源于本地的人员，其年龄结构虽然不大，但是从人员的招聘到上岗仅仅经过短暂而又简单的培训，此外，对于人员的资格上往往要求较低，仅仅从会电脑操作、年龄上进行简单的限制。对于能够根据农村的现有情况，进行市场的拓展、产品的销售以及根据现状做出有利于电商企业发展、促进农村经济发展的规划决策等方面往往是缺乏思考和实践。因此，农村淘宝对于电商发展的专业人员十分缺乏，人才是企业进步经济发展的关键所在，所以农村淘宝虽然发展迅速但是基层一线各淘宝村站的专业人员缺乏成为影响其发展的一个重要因素。要实现农村淘宝的持续健康发展必须解决人的问题。

二是农村传统消费观念根深蒂固。农村淘宝的出现和发展其目的就是为农民搭建起产品销售和产品购买的新模式，通过互联网技术服务于民。然而，现实中一方面广大农村地区特别是广大的农民由于其受教育程度低，接受新生事物的观念不强，导致其对于网络不了解、不熟悉、不信任，其对于产品的购买传统的看实物、买实物的观念难以改变，从而使产品的购买数量大大受到限制，进而影响农村淘宝的发展。另一方面，现在广大农村地区由于外出务工现象严重，广大的青壮年纷纷进城务工，这样的情况下农村主要的消费群体都入城，剩下的仅仅是老人和儿童，导致消费人群降低，而且老人的消费观念保守，对于网络产品接触少、信任度低，往往会认为网络购买的方式费时、费力，而且没有实物参考进而对农村淘宝产生影响。

三是物流交通短板阻碍发展。发达的交通物流是发展农村淘宝的基础和前提，农村淘宝要取得良好的发展必须拥有发达的交通物流进而保障农村淘宝的优势。然而，在广大的农村地区，特别是我国的中西部地区广大的农村基础设施仍然是不健全的，很多农村地区网络没有得到普及，有的虽然建立起了农村淘宝的站点，但是，由于交通不便特别是夏季和冬季受到暴雨和雨雪天气的影响，交通道路得不到保障，物流更是选择的渠道少，很多地区是淘宝店物流难以到达的偏远地区，这些条件都是制约农村淘宝发展的因素。

(3) 农村淘宝发展对策

①专业人才培养速度加快。人才建设是促进农村淘宝发展的关键因素，要让农村淘宝得到持续发展必须在人才上下功夫，解决人才不足的"瓶颈"。为此，提出三点建议：一是加强对现有淘宝站点人员的培训力度。要丰富培训的形式，一方面利用定期的现场培训，邀请农村淘宝领域的专家、全国农村淘宝发展好、效益好的带头人进行现场讲解；另一方面，要不断创新培训的形式，强化线上培训，充分利用互联网的技术可以将内容制作成视频，发送给各站点的技术人员，通过观看视频进行自我学习，从而解决培训不足的短板。二是强化考核机制。要针对现有人员的不足，结合本地区的实际情况，建立起一套完整的考核机制，从理论知识、实践操作、前景规划等各个方面进行全方位的考核，同时，将考核与绩效奖金挂钩，通过以考促学、以学促优、以优促发展。三是建立地区技术顾问。由于广大农村地区地处偏远山区，经济落后、人口分散招聘高学历、高技能的专业人才概率太低，但是可以以县为单位建立技术顾问，专门聘请电商专业人员进行指导，从而有效解决人才不足的问题。

②进一步完善农村基础设施建设。所谓"要想富，先修路"。对于农村淘宝的发展同样如此，完善的基础设施，便利的交通、发达的物流是确保农村淘宝发挥优势，甚至是生死存亡的大事。电商企业应该与地方政府进行对接，例如，有效利用目前国家进行的精准扶贫，多将农村淘宝的难题与政府沟通，充分利用扶贫的项目资金不断完善农村的基础设施，完善农村的交通；同时，政府要主动作为，将农村淘宝作为带领群众脱贫致富的有效途径，搭建平台、招商引资，加大与物流企业的合作，解决目前农村地区物流不畅通、没有物流企业入驻的尴尬局面，为农村淘宝的发展奠定坚实的基础。

③推进电商企业战略布局。电商企业是农村淘宝的带领人和发动机。阿里巴巴推出农

村淘宝在于实现农村发展和企业发展的"双赢"。电商企业通过农村淘宝可以拓宽市场，在我国农村具有广阔的市场，特别是在目前倡导新农村建设、支持农民工返乡创业的新机遇，农村将获得前所未有的发展。电商企业要因地制宜、因时制宜，对一个地区农村淘宝的发展进行科学评估和分析，从改变农民的消费习惯，宣传淘宝给大家带来的好处，通过真正地为农户搭建起农产品销售的平台，解决农户的真正需求，切实为广大农户带来利益，增强广大农民对农村淘宝的信任，从而实现农村淘宝的发展。同时，要加大农村淘宝的投入力度，市场的占领并非立竿见影，需要持续长久的挖掘和培育，为此，电商企业要立足农村淘宝的"短板"，在产品质量、售后服务等方面加大投入，树立起农村淘宝在群众心目中的口碑，打消群众对淘宝的顾虑。

④政府加大引导支持力度。政府作为社会的服务者和管理者，带领农村发展、群众致富是为人民服务宗旨的根本体现。为此，农村淘宝的发展离不开政府的支持，政府加大农村淘宝的发展也是带领群众致富、履行政府职能的体现。一要加大资金投入。可以采取政府补贴的方式加大招商引资，通过完善农村地区的基础设施，鼓励返乡创业等方式让农村人口多起来，让农村活力散发出来。二要加大政策支持。根据农村淘宝面临的问题，出台政策解决企业面临的难题和群众面临的困难，增强农村淘宝的发展后劲。三要加大宣传引导。要发挥基层党组织的优势，发挥基层致富能手的模范带头作用，以身作则、主动融入农村淘宝的浪潮，带领更多的群众相信农村淘宝、支持农村淘宝、真正从农村淘宝中受益。

农村淘宝的出现是互联网发展的必然产物，也是结合我国农村实际和互联网科技的最新事物，其有利于电商企业的发展，有利于广大农村地区享受到互联网技术带来的便利，有利于促进农村的经济社会发展，但是任何新生事物的发展都不是一帆风顺的，农村淘宝的发展面临着人才缺乏、设施不完善等种种不利因素，这需要政府、企业、个体的共同参与，共同努力，才能够真正发挥出农村淘宝的优势，让农村淘宝实现其使命。

2."淘宝大学"与"一懂两爱"工商企业家培育

随着网络技术的发展，越来越多的工商企业家开始依托网络进行创业和业务的开展，其中，依托淘宝这一平台创业的企业家无疑是一支主力军。对于农村地区而言，淘宝依然是改变经营方式、孵化工商企业家的主阵地。

"淘宝大学"的培训项目除了传统的经济学相关知识之外，更包括了淘宝经营过程中的所有步骤和可能遇到的问题，让即使零基础的农民也能够通过在"淘宝大学"的学习快速上手，开始经营自己的淘宝网店。

通过"淘宝大学"的培训，越来越多的农村人才找到了自己奋斗的方向，很多原本依靠农业经纪人进行农产品交易的农民开创出了属于自己的农产品交易路子。通过淘宝平台，他们可以直接面对市场，与买家进行交流，直接获得经济利益。同时，通过与买家的交流和在"淘宝大学"中所受到的培训，农民能够更好地了解到市场需求，并根据市场需求有选择地进行生产活动，最大限度地避免了农产品滞销。

"淘宝大学"的教学内容对于培养工商企业家而言有着切实的作用，在为学生提供致富新路径的同时，潜移默化地培养了学生的"一懂两爱"精神，为学生扎根农村，依托农村进行经营活动，最终推动农村经济发展提供了必要的思想基础。

三、"一懂两爱"非物质文化遗产传承人培养实践

（一）乡村振兴战略下农村的非物质文化遗产传承人

非物质文化遗产的首要特性就是传承，而"传承"的具体含义又是什么呢？《汉语大辞典》里认为"传"指的是传递，继承；"承"就是延续的意思。"传"与"承"结合起来就可理解为继承或传递。此外，传承还有一层意思，那就是传授，首先，非物质文化遗产传承人要将手头的技艺传授给他的徒弟或学生，这也意味着保护传统文化的一种责任。非物质文化遗产传承人并没有明确的定义，一般而言，非物质文化遗产传承人需要熟练掌握"非遗"。其次，在相关领域内需要具有一定的代表性，并能够在相关领域产生较大的影响。最后，非遗传承人还应当积极开展传承活动。

1. 乡村振兴战略下的非物质文化遗产

乡村振兴战略提出的总体要求是坚持农村优先发展，按照实现产业兴旺、生态宜居、乡风文明、治理有效、生活富裕的总要求，推动城乡一体、融合发展，推进农业、农村现代化。中国是一个传统的农业国，中国社会是一个乡土社会，中国文化的本质是乡土文化。非物质文化遗产大部分是农耕时代形成的，保留在相对封闭落后的农村，既是历史发展的见证，又是珍贵的文化资源。但随着工业化、城镇化的推进，农村空心化的现象日益加重，甚至出现了农业产能低下、生态恶化、乡风不振、治理混乱等一系列问题，乡村振兴战略的提出既是对我国现实主要矛盾的回应，也是下一阶段社会主义建设的目标导向。因此，抓住乡村振兴这一历史机遇，推动非物质文化遗产的传承、发展研究，不仅是为了传承和弘扬优秀传统文化，更是实现乡村振兴的重要途径。

（1）非物质文化遗产保护、传承和发展的现状分析

①何为非物质文化遗产。非物质文化遗产的定义很难有公认的版本。根据联合国教育、科学及文化组织《保护非物质文化遗产公约》定义：非物质文化遗产指被各群体、团

体、有时为个人所视为其文化遗产的各种实践、表演、表现形式、知识体系和技能及其有关的工具、实物、工艺品和文化场所。各个群体和团体随着其所处环境、与自然界的相互关系和历史条件的变化不断使这种代代相传的非物质文化遗产得到创新，同时使它们自己具有一种认同感和历史感，从而促进了文化多样性并激发人类的创造力。根据《中华人民共和国非物质文化遗产法》规定：非物质文化遗产是指各族人民世代相传并视为其文化遗产组成部分的各种传统文化表现形式，以及与传统文化表现形式相关的实物和场所。

②"非遗"传承中所面临的问题。20世纪后期以来，由于全球工业化与城市化造成的破坏和威胁，非物质文化遗产正面临着日益严重的危机。非物质文化遗产是全人类的共同财富，关系到一个民族的文化与精神的传承，较之有形遗产而言，如指间沙，稍有不慎就会流失于指缝。因此，保护和抢救这些遗产已成为当今世界各国政府和人民必须面对的一项重大课题。中国作为世界文明古国，在历史长河中创造并形成了多姿多彩的非物质文化遗产。它是各民族人民生产与生活实践的产物，是中华民族智慧与文明的集中体现。保护非物质文化遗产，就是在保护和传承中华民族的"文脉"——民族的根脉。

一是传承断层化。断裂和非延续性是现代性的基本特征。随着全球化进程的不断加快，再加上我国的社会经济在不断地发展，各个民族的非物质文化遗产都面临着不同的来自主流文化的冲击和强大的压力。一些不可再生的珍贵的民族文化甚至已经开始逐渐地消失，大量的传统民间技艺，如民间社火、歌舞杂技、各地花灯习俗、传统手艺也逐渐地淡出了人们的视线。源于明代的顾绣，其后人将文人画与刺绣大胆结合，将独特的见解渗入高超繁复的针法，对后世影响极深。因对传承者要求具备良好的书画素养，三年入其门，十年方能出作品，因此顾绣青黄不接、后继乏人。青年人由于缺少对民族传统和艺术的了解，情感上无法认同，对其缺乏热情，导致很多非物质文化遗产项目往往由于后继乏人而失传。

二是缺乏全球视野。非物质文化遗产的保护利用需要全球视野，好的非物质文化遗产资源不能白白流失或仅仅躺在博物馆里。例如，上海的土布棉纺工艺、海派木偶、何克明彩灯、吹塑纸版画、余天成堂中药制作技艺、钱万隆酱油酿造工艺，本来都有地域文化的特征，但是至今没有形成有特色的文化产业。非物质文化遗产类型丰富、涵盖面广，具有丰富的地域基因、浓郁的民族风情以及鲜明的民俗色彩。这是非遗国际化的基础。一国之文化在国际上的竞争力是衡量一国综合国力的重要标志之一，非物质文化遗产的数量、保护程度及在世界传播的范围是衡量一国文化软实力的重要因素。

三是法律、法规有待完善。由于非物质文化遗产的种类繁多，内容复杂，涉及的各方利益难以调和，2011年，我国颁布的《非物质遗产保护法》没有涉及民事保护，仅从行政法角度对非物质文化遗产进行保护。与国际社会中非物质文化遗产资源丰富的其他国家对其非物质文化遗产资源实施知识产权特殊保护相比，我国在这方面的立法保护措施则稍显不足，甚至相对滞后。

非物质文化遗产保护中的难题是知识产权保护问题。随着非遗产品的市场化行为日益增多，非遗产品受侵权的现象日益严重，非遗知识产权问题凸显，主要存在以下几类问题：非物质文化遗产遭剽窃；未经授权的复制、改编、散发、表演和其他类似行为；侮辱性、减损性和精神上的冒犯性使用和擅用侵权；对非物质文化遗产来源和真实性的虚假、误导性声明或不承认其来源。

法律上对非物质文化遗产的知识产权保护还有很多争议和看法。大多数非物质文化遗产项目都是农耕文明的产物，过了知识产权保护的年限；非物质文化遗产有的是有谱系的传承人，有的还是群体传承。因此，非物质文化遗产作品的创作者要维权相当不易，权利人也比较难认定，传统技艺是否属于商业秘密等，也是司法实践中不断争论的问题。同时，政府出资进行保护的非物质文化遗产项目如果进行公益性使用，是否应当制定相关制度、法律、法规来约束传承人。

四是保护与利用难以协调。当前，宣传乡村振兴的力度很大，然而对于乡村振兴中非物质文化遗产保护的认识不到位，也缺乏非遗生产性保护意识。一些地方特别是基层干部群众，对于乡村振兴的认识还不够全面，在理解上存在一定程度的偏差。一些地方对乡村非遗的保护重视不够，而对非遗重要性的认识仅停留在其旅游开发价值上，只关注潜在经济价值大的项目，往往出现片面追求文化遗产的经济价值，注重眼前利益、过度开发，忽视其内在丰富的历史文化价值，忽视其生态文化发展的规律，忽视可持续发展，因而难以很好地处理保护和利用的关系。

（2）亚洲各国非物质文化遗产传承、发展对我国的启示

在现代经济社会的不断发展中，非物质文化遗产逐渐成为与经济活动相对应的"符号资本""文化资本"，被赋予浓厚的经济属性和利益属性。传统医药知识、传统经验技巧技艺、传统民间文学艺术等非物质文化遗产资源，成为许多国家争相抢夺的对象。非物质文化遗产研究已经成为全球相关研究领域的热点，各国际组织和各国都在探讨其保护、传承和发展的有效方式，已经在理论研究和制度建设两方面积累了大量经验，这为我国的非物质文化遗产保护提供了国际视野。"他山之石，可以为玉。"

（3）乡村振兴战略视域下非物质文化遗产传承、发展的对策

乡村振兴战略是一项实现农村居民安居乐业的浩大工程，它与传承发展非物质文化遗产相辅相成。乡村振兴中的非物质文化遗产传承、发展要以马克思主义文化遗产观为指

导，遵循文化遗产传承与发展规律，非物质文化遗产既要保护传承，又要创新发展。

①保护优秀传统文化基因，助力乡村振兴。中国是传统的农业国家，几千年的农业文明孕育了灿烂的中华文明。乡村蕴含着中国五千年文化的基因和密码，是中国传统文化的载体。乡村振兴的实施必须从文化振兴开始。首先，要重视传统文化在乡村文化整合中的重要作用。在乡村建设中，应将非物质文化遗产中的有益元素纳入中国特色社会主义乡村文化体系当中，进一步加以政策支持、价值引导和多方参与，使之发挥积极作用。其次，要进一步加强青少年非遗教育与实践，使青少年从小接受并热爱非遗，将其视为乡村的荣耀，进而主动宣传和弘扬非遗。非遗活态传承的核心是传承者，一项非遗如果没有社区居民的参与，仅靠一两个熟谙活动仪式或技艺的人是难以传承下去的。同时，中华优秀传统非物质文化遗产承载着中华民族的传统美德，处处体现了中华儿女勤劳质朴、勤俭谦恭，也蕴含了历史、文化、经济、政治、教育等多方面的资源，是实现乡村振兴的宝贵文化遗产。通过中国传统非物质文化遗产教育，培养青少年精忠报国的担当、舍小家为大家的情怀，厚德载物、达济天下的胸襟，见贤思齐、勤俭谦恭、尊老爱幼的优良品德等，实现文化育人，形成富有民族特色的精神境界，从而实现文化自信这一目标。

②完善传承机制。非物质文化遗产传承的方式大部分是口传心授，因此，要加强对传承人保护的制度建设。近年来，国家对所有非物质文化遗产项目的传承人采取了多种保护措施，对传艺给予很多扶持。但是，这些措施难以从根本上解决非遗的保护、传承问题。每一个名录项目都有相应的代表性传承人为支撑，项目代表传承人是非物质文化遗产代代相传的代表性人物、传承人的杰出代表、非物质文化遗产活的宝库，又完整地掌握该项目的特殊技能。因此，要积极开展传承活动，努力培养后继人才。项目代表传承人的认定既是国家和人民给予的荣誉，又肩负文化传承的义务，所以我们要加强对传承人保护的制度建设。加强管理和科研人才的培养，努力提高他们相关的理论方法和技能方面的能力，这样才能实现普及与提高、普及与传承的良性循环，使非物质文化遗产保护在实践中不断科学化并得以完善。社会力量参与非物质文化遗产保护刚刚起步，鼓励引导社会力量和大众广泛参与非物质文化遗产保护，建立"社会化传承"的保护模式。

③完善生产性保护机制。非物质文化遗产生产性保护是指在具有生产性质的实践过程中，以保持非物质文化遗产的真实性、整体性和传承性为核心，以有效传承非物质文化遗产技艺为前提，借助生产、流通、销售等手段，将非物质文化遗产及其资源转化为文化产品的保护方式。目前，这一保护方式主要是在传统技艺、传统美术和传统医药的药物炮制类非物质文化遗产领域实施。

在非遗的生产性保护过程中，一方面，要积极探索非遗的经济价值、转换机制以及实现方式，如果将非遗的文化属性与经济价值、市场功能对立起来，割裂非遗与民众日常生活和文化消费需求的天然联系，远离当代的生产实践，必将失去非遗传承发展的命脉，同时会造成政府独自承担公共管理责任和财政压力的结果。另一方面，非遗的生产性保护不能丧失文化内涵和核心技艺，要防止一些企业假借生产性保护的概念，对非遗进行急功近利的过度开发。

④引导社会力量积极参加非物质文化遗产建设应该注意的问题。

在依托社会各界支持拓展非物质文化遗产保护的渠道、平台和方式时，政府应当给予一定的扶持，聚各方力量，传承中华文化。因此，应当注意以下几个问题：一是要重视非物质文化遗产群体传承项目，建立长效的非遗社会化保护机制，包括有明确传承人的民间工艺和传承人已不明确的文化空间，如庙会、歌会、节庆、仪式等。二是要重视非物质文化遗产的传承生态。诞生于农耕文明时代的非遗是乡村之灵魂，是当地特色文化最直接的体现，很多地方要靠非遗中的传统民风民俗来传承文化符号、信息资源，要在城市化进程之中，给非遗这个最大的乡愁留下可以生存与传承的生态。三是要对现有的非遗项目进行筛选，进行文化提升和IP提升，形成新的文化产品和专利。四是要重视法律制度保障，这是开展农村非遗保护的前提条件。要尽快出台有关指导乡村非遗保护的配套政策，使乡村非遗生产性保护有法律依据。完善管理机制，设置相应机构，委任专人负责，建立权、责、利考核机制，指导和监控非遗保护、开发和利用的每个环节。

乡村振兴战略，是党在新时代为农村发展设定的新目标。实现乡村振兴，既要提高农民的物质生活水平，也要丰富农民的精神文化生活。

我们要在乡村振兴的过程中充分发挥非物质文化遗产的经济价值和政治价值，留住乡村的"魂"，让非遗承担起乡村振兴的现代使命。这些都为我们的非遗研究找到了当代价值。其中有两点要注意：一是要对非遗进行创造性发展和转化，注重将中华民族优秀的文化与现代文化有效融合，将古老的文化资源转化为当代精神财富。二是要讲好"非遗新故事"，将跨越时空的中华文化传播出去，走向世界，讲述好中国故事，传播好中国声音，阐释好中国特色，不断提升文化软实力。

文化是"以文化人"和"以德育人"的最重要的途径。"不忘本来才能开辟未来，善于继承才能更好创新。"非物质文化遗产作为中华民族传统文化的重要组成部分，记录着中华民族繁衍生息的历史，凝结着中华民族的精神。对非物质文化遗产的保护，是对中华民族优秀传统文化的传承，是在"文化自觉"的基础上走向"文化自信"，助力乡村振兴战略在实现中华民族伟大复兴中国梦的过程中做出新的更大贡献。

2. 从非物质文化遗产传承人到继承人

（1）非物质文化遗产传承人的意义

非物质文化遗产保护是一项全球性的课题，也是一项世界性的难题。保护与开发，永远是矛盾而又必须共处的两极。不过，著名民俗学家陈华文说得好："保护与开发是一对悖论和矛盾，虽然有时让人显得无可奈何，但只要我们从更广阔的视野、更高的层面和更独特的视角入手，相信还是有解决的办法。诚如俗语所说的：困难没有办法多。"如今，依靠传承人进行非物质文化遗产保护，是行之有效的办法之一。然而，我们觉得：非物质文化遗产保护也应该创新思维，从传承人到继承人均投入保护工程，在某些项目上也许更有成效和最为持久。

非物质文化遗产保护是一项全民文化活动，需要包括政府、传承者、工商界、学术界在内的全社会的共同参与。然而，这些主体参与非物质文化遗产保护的动机、地位、权力和作为存在差异，甚至有时候是相去甚远，因此，在保护过程中的作用也就不尽相同。承担决策、组织、统筹的政府，由于其以权力为依托，以强势为地位，成为保护的主导力量。但是，从与非物质文化遗产的天然联系、血脉相通、直接承绪来说，生活在大众中的非物质文化遗产传承人，则更为关键，有的甚至是他人无法替代的。

什么是非物质文化遗产传承人？专家学者有不同的理解和文字表述，不过，大体上包括两个层面的含义：一是完整掌握非物质文化遗产项目或者具有某项特殊技能的人员。二是积极开展传承活动，培养后继人才者。也就是说，他担负着"传"与"承"的双重任务。而代表性传承人，则是某项目或某技能公认具有代表性、权威性与影响力的人员。假如仅此而已，那是只见树木不见森林，只见物态不见活态，只见肌体不见灵魂。著名作家、文化遗产保护的积极倡导者与活动家冯骥才说得好："传承人所传承的不仅是智慧、技艺和审美，更重要的是一代代先人们的生命情感，它叫我们直接、真切和活生生地感知到古老而未泯的灵魂。这是一种因生命相传的文化，一种生命文化；它的意义是物质文化遗产不能替代的。""有史以来，中华大地的民间文化就是凭仗着千千万万，无以数计的传承人的传衍。它们像无数雨丝般的线索，闪闪烁烁，延绵不断。如果其中一条线索断了，一种文化随即消失；如果它们大批地中断，就会大片地消亡。"在这方面，我们的前贤就清醒地意识到这一点，先秦《考工记》为百工立制时，就说"知者创物，巧者述之守之"。而"述之守之"的内涵，与现代精神也是相通的。

正因为传承人在非物质文化遗产保护中不可替代的作用。近些年来，国家和各地政府把传承人的保护与作用的发挥提高到战略性高度来认识，并采取切实可行的措施落到实处。同时，对国家级和省级传承人给予补助或津贴。

这些做法，无疑是值得肯定和卓有成效的。尤其是在非物质文化遗产留存的文化生态急剧变化，非物质文化遗产资源流失严重，甚至濒临灭绝的今天，其作用和影响越来越显现出来。但是，非物质文化遗产传承人保护与发挥作用的工作虽然取得了初步成绩，却依然存在许多情况和严峻的问题。如江南民间文化传承人面临的现状：一是老艺人相继离世，民间传统技艺失传。二是在世艺人老龄化，民间艺术后继无人。三是社会地位低下，生活得不到保证。绝大部分艺人虽技艺精湛甚至身怀绝技，但生活无保障，既无退休工资，又无医疗保险，日子过得很窘迫。在农耕时代自给自足的小农经济社会中，几乎家家户户都能织布、蜡染、织带、裁缝、刺绣，这些原先与百姓生活密切相关，一度创造出民间艺术辉煌的工艺而今大多退出了百姓生活舞台。

除了传承人自身状况外，现行的代表性传承人认定与保护的方式，也存在一些值得关注的问题。例如，代表性传承人认定与保护采用的是由单位推荐、申报、审核和批准的方式，但有的项目传承人"几代同堂"，每一代都会以继承为主又有所扬弃和创新，究竟应以哪一代作为代表性传承人？又如，有的传承人虽然身怀绝技，却又受到历来实行的家庭和家族传承方式制约，而今本家庭和家族又没有合适的学习者，应该如何办？再如，由于被认定为代表性传承人后，政府会给予一定的津贴或政策倾斜，会不会使传承人受到周边社会的影响，在后续的推荐与申报中出现并不符合非物质文化遗产代表性传承人推举要求的情况？这些问题，目前正露出不良苗头，也给非物质文化遗产的保护与传承带来潜在的不良影响。

（2）非物质文化遗产传承人到继承人

既然非物质文化遗产传承人有不可替代的作用，那么，对他们进行保护与发挥其作用，任何时候都应该坚定不移。但是，面对存在的问题，我们不妨发挥创新思维，探索更有持续效应的保护与传承机制，在实践中不断完善和推进。而培养非物质文化遗产继承人，则是值得一试的办法。

何谓"继承人"？《现代汉语词典》在解释"继承"一词时，把继承文化遗产与继承优良传统等同在一起，"泛指把前人的作风、文化、知识等接受过来"。对于"传承人"，则指"依法或遵遗嘱继承遗产等的人"。《辞源》在释"继"字时，指出其有一义为"继承"，并举《荀子·儒效》为证："工匠之子，莫不继事。"《汉语大词典》释"继承"时，"谓承接先代传统；继续从事前人未竟事业"。而"继承人"，则指"依法有权继承遗产和权利的人。亦泛指承接前人事业的人。"这些权威性的工具书，关于继承人的释义基本一致。结合这些释义，我们可以下一个定义：非物质文化遗产继承人，是指把前人的非物质文化遗产等文化、知识接受过来，继续从事前人事业的人。相对传承人，继续人的概念更为宽泛，既没有年龄的限制，也没有性别的差异；既没有从业时间的要求，也没有其他资质的规定。一句话，只要乐于学习和掌握非物质文化遗产，都可以成为其中的一员。自然，传承人也属于继承人中的一个重要和具有特殊地位的组成部分。因为"传承人可能是家族传承中承上启下的继承者，也可能是社会传承中承上启下的继承者"。

提出继承人问题，是因为非物质文化遗产的传承是大众的事情，是为了完善非物质文化遗产保护与传承的社会体系，是为了促使非物质文化遗产的文化因子得到更好的"裂变"。提出继承人的问题，也是立足于三个方面的基础。

一是按照非物质文化遗产保护国际公认的原则。1989年11月15日，联合国教科文组织通过的《保护民间创作建议案》中，把非物质文化遗产定义为："来自某一文化社区的全部创作，这些创作以传统为依据，由某一群体或一些个体所表达并被认为是符合社区期望的作为其文化和社会特性的表达形式；其准则和价值通过模仿或其他方式口头相传。它的形式包括：语言、文学、音乐、舞蹈、游戏、礼仪、习惯、手工艺、建筑术及其他艺术。"可见，非物质文化遗产注重的是"文化社区"，是"全部创作"，是"以传统为依据"，是"通过模仿或其他方式口头相传"。这就清楚地表明，非物质文化遗产是属于社区和群体的（只有某些技能才属于个体），是属于世代相传的创作与传承的，是具有社区文化的认同感的。而"继承人"的提出，正符合这一具体属性。

二是依照我国关于非物质文化遗产保护的总体原则与要求。非物质文化遗产是各族人民世代相承、与群众生活密切相关的各种传统文化表现形式和文化空间。非物质文化遗产既是历史发展的见证，又是珍贵的、具有重要价值的文化资源。我国各族人民在长期生产生活实践中创造的丰富多彩的非物质文化遗产，是中华民族智慧与文明的结晶，是联结民族情感的纽带和维系国家统一的基础。我国非物质文化遗产所蕴含的中华民族特有的精神价值、思维方式、想象力和文化意识，是维护我国文化身份和文化主体的基本依据。各族人民世代相承，与群众生活密切相关，是非物质文化遗产基本特征。"继承人"的提出，正是基于"世代相承""与群众生活密切相关"的考量，正是基于"在长期生产生活实践中创造"的实际出发的。

三是依据我国非物质文化遗产发展轨迹的理性思考。靠传承而演化，在传承中进化，这是非物质文化遗产发展的基本规律。传承的方式，大体有四种：群体传承，家庭（或家族）传承，社会传承，神授传承。这四种方式中，家庭（或家族）传承与神授传承带有个体性，而群体传承和社会传承则带有集体性和普适性。例如，风俗礼俗、岁时节庆、大型民俗活动，都是通过群体传承。而社会传承的，则多见于口头文学、表演艺术、手工技艺和民间知识，戏曲、曲艺的师傅带徒弟，故事、歌谣无师自通的传习，莫不如此。提出

"继承人"的概念，就是强调社区的每一个人，都能够通过传习而受到非物质文化遗产的熏陶，得到相关知识或技能的传授，而在继承传统的基础上，对这些知识或技艺进行创新、增益，并进入新一轮的群体性（族群或社区）的传播。

重视"继承人"的培养，虽然是本书提出并进行深入论述的，却与其他专家学者的观点有着内在联系。著名民俗学家叶春生即主张"把民俗文化活化，培养一批批传人，一代代传承下去，使其扎根在民间，保存在民间。无论是有形的民俗文化遗产，还是无形的文化遗产都是人类历史生活的凭据，是民众文化的传承"。培养好"继承人"，正是使非物质文化遗产与民众生活紧密联系起来，使之相互促进，共同发展，这才是保护和利用非物质文化遗产的最终目的。

（3）非物质文化继承人的培养

纵览非物质文化遗产发展的历史和对其进行保护的现实观察，非物质文化遗产继承人的提出，最根本的是符合非物质文化遗产的特性：非物质文化遗产，首先，它是一种存活的文化遗产。与作为历史残留物的静止形态的物质文化遗产不同，它在人们的生产生活中继续存在着，并被不断地传承下去。虽然由于经济、社会发展中出现的种种问题，有的进入了衰微状态却依然有着生命的气息，有的甚至蓬勃着生机。其次，它是一种具有民间性的文化遗产。民间是非物质文化遗产的肥沃土壤，民众是非物质文化遗产的深厚根基。非物质文化遗产既非单个人的行为，也非政府指令的行为，广大民众是其创造者和传承者。最后，非物质文化遗产是民众生活的一部分，具有生活性的特征。虽然有的非物质文化遗产与日常生活渐行渐远，但它曾是生活一部分的特性并未泯灭。更何况，今天仍有相当多的非物质文化遗产与生活世界紧密相连，成为人们生活与生命不可或缺的重要组成部分。

正是由于这些特性，非物质文化遗产的传承是通过对物质文化遗产的表现进行的。非物质文化遗产，在表现上重在对这种文化的表达、表现和展现，在传承上重在对这种文化的继承、流传和后续。因此，非物质文化遗产继承人的培养，应该注意掌握三个环节。

一是在社会生活中培养。非物质文化遗产几乎涉及社会生活的方方面面，人们的衣食住行、节庆活动、祭祀活动、婚丧喜庆、休闲娱乐都是其基本而重要的载体。公众参与性是非物质文化遗产的特性之一。在漫长的历史岁月中，非物质文化遗产就是在大众的参与中得到流传和发展的，是充满着本能的、活力的、有着独特创造力的继承与衍变。当时，在大众的物与物的交往中流传，在父子、母女、祖孙的熏陶中传承，成为一种执着的世代沿袭。同时，过去非物质文化遗产的传承重在口头和行为，虽然在同一区域和不同时期都会自觉或不自觉地被改造和创新，并会在不同区域受历史地理、文化环境影响而发生变异，其速度则是相对比较缓慢和渐进的。当今世界，由于社会的激烈变革，经济文化的迅速发展，全球化、一体化、高科技化的浪潮，严重冲击着传统，特别是以口头和行为作为传承主体的常态已经不复存在，因此，让继承人在生产生活的过程中受到洗礼和接受传承，是最简便、最直接而又最有成效的方式。

二是充分发挥学校教育的力量。虽然非物质文化遗产继承人并没有年龄的限制，但是，一般而言，年龄大者已经形成固有的观念，并接受了原有的传统，把非物质文化遗产继承人的工作重点放在年轻一代身上，应是题中应有之义。这是因为，他们生活在社会大变革的时期，对于非物质文化遗产的了解和理解都相对较少，而传统要得以沿袭，需要一代又一代人才能持续久远。应该鼓励和支持各级学校开展优秀的非物质文化遗产的教育与研究活动，根据不同年龄段人员的特点，因材施教。如对于少年儿童，应以参与和娱乐的方式，培养他们对于非物质文化遗产的热情与兴趣。对于中学生，我们应该让他们在日常生活中，尤其是非物质文化遗产事项最为集中、最为全面展示的节庆之时，向他们介绍更多的民间知识和相关技能，尤其是充分发挥他们最为活跃、最能学习的特性，让他们掌握一些具有相当难度又必须由年轻时就学习的知识和技能。至于高职一类的学生，则以学习和掌握技能为主，让他们在学习专业知识的同时，又具备非物质文化遗产某一方面的"绝活"，经过时间的历练他们将成为新的传承人。而对于大学生与研究生，则通过选修课的方式，使他们成为非物质文化遗产的"追星族"，特别是发挥他们专业知识扎实和理论功底深厚的特点，培养其中一些对非物质文化遗产有热切意愿者，成为未来的研究者与推广者、宣传者。应该鼓励和支持大专院校开设非物质文化遗产专业，大力培养非物质文化遗产保护和研究的专门人才，特别是培养一批懂专业、善管理的复合型人才。

三是运用现代新的传媒方式扩大非物质文化遗产在继承人中的影响。举办民族民间文化保护成果展览、民族民间文化艺术展演、民间工艺品博览会、中国民族民间文化节等各种活动。利用各种传播途径和灵活多样的手段，积极对保护工程进行广泛、深入的宣传，普及民族文化保护知识，激发和培养全社会的保护意识，营造良好的社会氛围。这些宣传展示办法，无疑也能培养更多的非物质文化遗产继承人。此外，还有其他更多的方式方法。

非物质文化遗产继承人的培养，并非有现成的方案和规范，应该在实践中不断加深理解和逐步完善。而且，不同的事项，不同的地区，也应有不同的形式，不同的做法。原有的非物质文化遗产生存环境发生了巨大变化，在继承人培养方面也应该因时而变，因事而变。特别是一些具有高难度的事项，需要个人较高禀赋才能掌握的事项，同样需要善于发现人才和培养专才。继承人的培养，最重要的是思想观念的改变，即传承人的任务不仅是向少数学徒进行传授，而应该把眼光放到民间和民众。非物质文化遗产传承的方式，不应局限于家庭和家族传承,而应更多地进行群体传承和社会传承。

需要指出的是:非物质文化遗产继承人的提出,并非排斥传承人,而是两者应该形成融为一体的和谐关系。如果说,传承人是非物质文化遗产保护的塔顶,那么,继承人就是保护的基石。只有基石宽厚,保护才能更有力度。而且,由传承人向继承人传授,在继承人中又产生新的传承人,循环往复,非物质文化遗产就能生生不息,有着永续的生命。只有非物质文化遗产传承人和继承人都得到重视,才能建构起全面的非物质文化遗产保护与传承体系。

3. 非物质文化遗产传承人与少数民族非物质文化遗产保护

(1) 传承人是非物质文化遗产传承的主体

在上文当中,笔者对非物质文化遗产传承人的主要意义进行了分析,我们知道非遗的传承须由活生生的社会成员完成,而传承人正是完成非遗传承的主体。传承人掌握着非遗的专业知识和精湛技艺,既是文化的继承者,又是创新者。一旦传承人去世,损失的不只是单纯意义上的生命个体,更是一种知识、技艺,甚至一种文化、传统。因此,非物质文化遗产保护的核心是传承,保护的重点是传承人。

非遗传承人是掌握特定的技艺,并具有公认的影响力,且愿意将自身技艺传予他人的自然人或社会群体。非遗传承人可以分为一般性传承人和特殊性传承人。一般性传承人指非遗所属社会的普通民众。同一社区、族群或民族的成员在日常生活中遵循自身的民俗习惯、恪守自己的民俗生活、言说共同的民俗历史、传承自身的传统技艺,成为非遗的一般性传承人。例如,民间文学类的非遗(如神话、传说、故事、叙事诗、史诗)传承人,应该既包括表演者,也包括听众,因为集体记忆只有在二者的互动中才能体现。特殊性传承人指具有一定专业性和职业性的特殊传承人,他们或是能够完整掌握某一专门知识或特有技能;或是在群体仪式中承担展演者和组织者等重要角色,具有比一般传承人更重要的地位等;抑或是其掌握的知识和技能为特定群体的民众认可,享有较高威望和话语权;又或是非遗不间断的实践者,其最主要构成往往是族长、歌师、民间文学的表演者或仪式主持人等。

根据是否受政府命名的标准,非遗传承人又可以分为代表性传承人和非代表性传承人。实际上,在国家力量介入非遗保护行动后,"传承人"才逐渐成为带有法律意指和政治权利的术语。具体而言,获得某个国家或基层政府或国际权威机构给予命名的传承人具有法律效用,受到法律保护,同时承担着非遗传承和保护的法律责任。这类传承人,即通常所说的"代表性传承人",属前文所述的"特殊性传承人"范畴。至此,"传承人"才逐渐被习以为常地等同为"非遗代表性传承人",并被赋予特别的意义。目前,文化部公布的五批国家级非遗项目代表性传承人名录及地方各级政府认定的传承人名录,均属具有法律效用和政治意义的"代表性传承人"。代表性传承人的认定,意味着传承人文化身份的改变。被认定者从此进入官方话语系统,享受特定的政府补贴,同时承担非遗传承的义务和责任。官方认定的代表性传承人除享受政府授予的荣誉和补助外,还须履行特定的传承义务,如带徒授艺、培养后继人才、开展传承活动等。政府提供的荣誉和补贴,意味着代表性传承人成为非遗传承的正统角色和核心力量。

非代表性传承人和代表性传承人同属特殊性传承人的范畴,同样掌握某项非遗的知识和技艺,并在所属群体和社会中传承。非代表性传承人可能由于名额或其他条件限制,甚至某方面的特殊原因暂未入选代表性传承人,但其在所属社区中同样发挥非遗传承的作用。因此,非代表性传承人的作用不容忽视。在某种程度上,非代表性传承人与一般性传承人发挥的作用不亚于代表性传承人。一般性传承人,是非遗真正的实践者和地方文化的承载者,其与特殊性传承人之间的差异只是文化角色与文化身份的不同。特殊性传承人来源于民众,并通过民众培养未来的代表性传承人,促进非遗传承与保护。非物质文化遗产具有群体传承性,少数民族非遗项目亦然。例如,流行于广西马山、忻城、上林三县的"壮族三声部民歌",通常由三名歌手演唱,主唱者演唱代表主旋律的第一、第二声部,第三声部由两人以上歌唱者合唱合声附唱,具有源于村落社会、演唱于公共空间、依赖于民众参与的特征。壮族三声部民歌的集体性决定国家认定的代表性传承人并非这一遗产的所有传承人,合声附唱者及当地民众的参与不可或缺,他们同样是三声部民歌的承载者和传递者。因此,非遗传承人应该既包括官方命名的代表性传承人,也包括尚未命名的非代表性传承人和非遗所属社会、族群或民族的成员(一般性传承人)。他们都是非遗传承和发展的主体,都应该受到重视。

(2)传承人流动

改革开放以来,人口流动逐渐成为我国西部民族地区社会发展的新常态。少数民族非遗传承人作为当代社会的一员,亦无可避免地卷入人口流动的大潮中,成为当今中国流动人口的重要组成部分。

①代表性传承人的流动。少数民族非物质文化遗产大多反映少数民族群众对生命、生活、生产及所属自然环境的独特理解,是我国非物质文化遗产的重要组成部分。

②非代表性传承人的流动。在民间社会,非代表性传承人的数量远超代表性传承人,他们在特定的群体中仍然具有较高声望,并发挥重要的文化传承作用。当然,由于没有官方认定的身份,一些非代表性传承人无法享受官方给予的荣誉和补贴,也没有机会参与政府组织的培训、商演和出访交流,更没有资格到学校授课、讲学。因此,部分非代表性传

承人除了从事传统农业耕种，多外出务工，近者在村落周边或县城打短工，远者奔赴沿海等发达城市务工。黔东南州民族歌舞团侗族大歌资深演员吴培焕称，传承人的流失是因为外出打工比在歌舞团唱侗歌赚钱，所以不少传承人选择远走他乡，能像她那样进入州一级歌舞团的侗歌传承人在他们乡乃至全州都只是少数。非代表性传承人流向城市务工，既因生活所迫，非遗项目经济收益有限甚至没有收入，也与代表性传承人对有限市场的垄断有关。

③一般性传承人的流动。改革开放以来，进城务工的浪潮席卷了中国广大的农村社会，成为当代中国农村最主要的时代特征。在这一背景下，西部地区的少数民族青壮年也纷纷离开故土，步入城市谋求新出路。少数民族在外务工者，多放弃家乡的传统文化，在城市从事建筑业、餐饮业、交通运输业等相关工作。可见，一般性传承人的流动更加自由且数量庞大，是传承人流动的主体。他们中的大部分人离开家园，在流动中忽略本民族文化，直接影响着非遗传承和发展的根基。

（二）"一懂两爱"的非物质文化遗产传承人

非物质文化遗产的发展与振兴有助于振兴我国乡村文化，建立起以非物质文化遗产为品牌的旅游路线也有助于我国农村地区产业转型，实现经济创收，增加我国农村地区经济收入。

"一懂两爱"的非物质文化遗产传承人有着对农村深厚的感情，愿意长期扎根农村，为农村的经济发展做出自己的贡献。他们能够将自己的技术传授给更多乡民，将非物质文化遗产发扬光大，同时他们也能够参与到相关旅游项目的开发当中去，以传承人的身份对非物质文化遗产独特的魅力和旅游价值进行分析。同时与政府工作人员相互合作，在保护非物质文化遗产的基础上，建立起一个具有乡土特色的旅游品牌。

"一懂两爱"的非物质文化遗产传承人不仅指核心传承人，更指遍布在我国农村广大掌握着非物质文化遗产技术的农村人才，他们生长于农村，在长期的生产经营活动中，他们对农村本地的文化有了深入的了解，能够在农村经济文化发展的过程当中将非遗文化运用到实践中去，帮助农村经济文化得到发展。

不同于传统意义上的非物质文化遗产传承人，具有"一懂两爱"精神的非遗传承人更能够体会到非物质文化遗产在农村经济发展，尤其是建设农村旅游产业过程中的重要性，因此能够更好地配合乡村振兴的相关工作。

此外，具有"一懂两爱"精神的非物质文化遗产传承人能够站在农村整体经济发展的高度看待问题，因此他们不会拘泥于"子承父业"的传承方式，也不会因为一时的经济紧张或其他原因而放弃非物质文化遗产的传承。他们能够扎根农村,并且有能力利用非物质文化遗产创造出相应的经济价值。此外,他们也乐于将自己所掌握的非物质文化遗产相关知识与技术与更多的人分享,在更好地保护、传承非物质文化遗产的前提下,帮助更多的人利用非物质文化遗产脱贫致富,从而推动农村发展。

第七章　高校服务乡村振兴模式的理论与实践创新

第一节　高校服务乡村振兴模式的理论分析

一、概念界定与理论基础概述

（一）农业高校

农业高校是高等教育的重要组成部分，其具有一定的行业特色，与综合性大学相比其在学科布局方面更偏向于涉农学科，具有一定的农科专业优势。农业高校主要包括农业大学、农学院和高等农业职业技术学院，但无论哪种类型的农业高校其目的都是要培养农科专业人才，服务农业农村发展。农业高校在社会发展中扮演重要地位，其重点是为农业农村发展培养人才，引领现代农业发展。农业高校肩负农科专业人才培养重任，主要在植物生产、草业科学、森林资源、生态治理、动植物科学、水产、公共管理等方面具备学科专业优势。农业高校在促进农业产业发展和农业人才培养上起了助推作用，在推动农业科技创新服务上发挥了重要作用，在国家重大战略需求上需发挥学科专业及人才优势，为乡村人才振兴服务，促进乡村振兴实现。

农业高校是建立在中等教育基础之上的高等农业院校，从学科范围来看，农业高校主要以农科和涉农学科为主；从办学层次来说，有专科院校和本科高校之分；从培养层次来看，分为专科教育、本科教育和研究生教育三个层次。

（二）乡村人才振兴

乡村振兴战略的实施关键靠人、核心靠人才，实施乡村振兴必须破解乡村人力资源瓶颈问题，加强乡村人力资本开发。要打造一支强大的乡村振兴人才队伍，在乡村形成人才、土地、资金、产业汇聚的良性循环。乡村人才振兴是乡村振兴的关键所在和智力支持，国家发展关键靠人才，乡村发展亦如此。乡村的发展，现代农业的发展需要一支懂农业、爱农村、爱农民的"三农"工作队伍，乡村人才的振兴需要高等农业教育发挥作用，助力乡村人才培育。乡村人才振兴要靠内部人才和外部人才共同助力，内部人才主要是乡村本土人才，乡村本土人才在乡村振兴中发挥基础性作用，但乡村本土人才规模、劳动力素质、人才结构等方面都存在一些短板，现代农业发展仅靠乡村本土人才远远不够；外部人才主要靠农业科技人才、实用技术人才和创新创业人才等支持，但由于乡村整体环境不佳，外部人才难以向乡村流动。所以本节探究的乡村人才振兴是从乡村内外部结合，深入挖掘乡村人才的短板和乡村振兴发展对农业高校的人才需求，探讨如何发挥农业高校的资源优势助力乡村人才振兴。

（三）农业高校服务乡村人才振兴

农业高校作为行业特色高校，在农科学科方面具有办学优势，应为乡村人才振兴担负起重要职责与使命，更好服务于乡村人才振兴。乡村振兴战略具有公共性，是实现城乡均衡发展，进而迈向社会主义现代化的重要一环。乡村振兴是国家的集体目标，而乡村人才振兴是实现乡村振兴的关键，乡村振兴的实现需要依托农业高校科技人才服务与支持。农业高校作为农科人才培养的主阵地，应充分发挥好高校人才培养、科学研究和社会服务等职能，促进农业高校更好服务乡村人才振兴。农业高校应为实现乡村人才振兴探讨路径创新方法，重点将人才培养和社会服务职能结合，探究农业高校如何为乡村振兴培养人才，如何助力乡村人才培育，如何发挥高校科技人才优势更好服务乡村振兴。

二、理论基础

（一）人力资本理论

人力资本理论最早起源于经济学的研究，人力资本理论的发展对社会经济发展和生产力水平提高产生了极为深远的影响。人力资本理论认为人力资本是体现在人身上的资本，即对生产者进行教育、职业培训等来促进生产力和劳动效率的提升。教育是一种重要的人力资本，人力资本是与传统的物质资本相对的概念，是体现在人身上的能够带来财富与经济效益的人力技能；教育不仅是一种资本，而是一种生产性的投资活动，这种投资是一种主导性的投资，人力资本的数量与质量水平，取决于教育投入的情况。对教育的投资就是对人力资源的投资，人力投资在经济发展中比物质投资更重要，是提高社会劳动生产率，加快经济发展的主要因素。教育能够增加人力资本积累，提升人们的知识、技能和健康水平，提高工作的效率，相应增加个人的收入和财富，也改变个人工资或薪金的数量及结构。同时，随着人们受教育水平普遍提高，人们收入水平也普遍提高，人力资本投资的结果就可以缩小人们之间的收入差距。乡村人力资本在乡村振兴中发挥重要作用，但乡村人力资本依然存在很多问题，农业高校在区域经济发展和新农村建设中，肩负着培养高级专门人才和创新知识的重任，并能为农村人力资本开发发挥重要作用，能够助力乡村人才培育和乡村人力资本开发。

（二）高等学校职能理论

任何一种社会组织的产生都有其需要所在，高等教育同样是社会发展需求的产物，高等教育是伴随社会发展而发展起来的，高等教育职能也随着社会需求的变化更加丰富。高等学校职能就是指高等学校应为社会发展承担一定的社会职责，为社会分工需要承担一定的任务。通常我们认为高等学校最为主要的职能是人才培养、科学研究和社会服务三大职能，近些年随着高等教育的发展，承担的社会责任和使命更大，文化传承与创新和国际交流与合作又被归列为高校的第四和第五大职能，因此现在意义上通常会认为高校有五大职能，高校职能的发挥在社会经济发展及国家重大战略的实现当中发挥了重要作用。

人才培养职能对应的工作就是教学，教学是高校的首要任务，要通过教学活动为社会培养人才，所有的大学必然要开展教学活动，所以人才培养职能可以说是大学第一职能或是核心职能。社会服务职能是指高校为满足社会现实需要会发挥其自身教育资源的作用，承担一定的社会任务，社会服务是高校教学与科研活动的向外拓展，有时候被视为学校的社会推广工作。随着社会的发展文化传承与创新、国际交流与合作也被列为高校三大职能之后的又两项职能。胡锦涛总书记在讲话中指出文化传承创新是高等教育的又一重要职能，文化软实力建设及文化传承、创新是大学应承担的一项新功能。农业高校作为高等教育的重要组成部分，应充分发挥高校人才培养、科学研究、社会服务等职能服务乡村振兴战略需求，为乡村人才培养发挥主体功能，以科研科技服务助力乡村产业发展，并开展多种形式社会服务活动为乡村发展发挥助力。

（三）高等教育内外部关系规律理论

教育有两条基本规律，一是强调其内部关系规律，另外是教育的外部关系规律。高等教育内部关系规律，是指高等教育内部人员和部门之间相互作用的规律；高等教育外部关系规律是指高校与除自身之外的其它社会关系的规律，即与政治、经济、人口、科技、地理等方面相互联系与作用的规律。高等教育内部关系规律对高校处理好自身内部的各要素之间的关系，构建良好的管理体系起到重要作用；高等教育外部关系规律对促进高校处理好与社会发展的关系，为社会发展服务有重要影响。高等教育应处理好内外部关系规律，促进高等教育自身的发展，同时要促进社会的发展与进步。乡村振兴战略的实施需要高等教育处理好自身内外部关系规律为乡村振兴更好服务。农业是社会经济产业的重要组成部分，乡村是社会系统的一大部分，高等农业教育尤其是农业高等教育要为乡村社会经济发展服务，为乡村振兴战略服务。农业高校要发挥自身内部功能，发挥高等农业教育特色和优势为乡村振兴培养一批适用的农科人才，同时要发挥其正外部性功能，处理好各方面的外部关系，助力乡村振兴促进社会经济发展。

（四）产学研一体化理论

产学研一体化是指生产活动、教学活动与科研活动紧密结合，协同作用发挥整体更大的优势。通常是企业与高校、科研机构深入合作，企业开展生产活动，高校或科研机构与企业谋求更大的合作开展教学与科研活动，一方面有利于开展实践教学活动促进人才培养，同时通过科研攻关为企业生产活动提供技术支持，促进产业的升级和发展，三者紧密联系相互作用的耦合机制，促进整体功能和效益的最大化。产学研一体化理论的形成促进了高校及科研机构的发展，同时对产业发展起到很大推动作用。虽然产学研一体化随着社会的发展，合作主体更为广泛，经历了从"产学研"到"政产学研用"的发展和转变，但就目前来讲产学研一体化在高校依然具有很广的适用性，同时企业也需要谋求更大的合作，促进自身的发展。乡村振兴战略的实施需要推进产学研合作，开展实践教学培养乡村振兴所需的应用型人才，开展农业科技服务为乡村产业发展提供必要的技术支持，促进高校更好服务农业产业发展需要，利用自身科技人才优势为农业生产活动提供更多的支持和保障。

三、乡村振兴与高校服务的重要性及互相作用关系

（一）乡村振兴是解决"三农"问题的总抓手

乡村振兴战略是解决好新时期"三农"问题的总抓手，乡村振兴战略重大战略的提出有利于推进社会主义现代化建设。新时代新阶段我们又面临新机遇新挑战，当前我国社会的主要矛盾已发生重大转变，其中城乡发展的不平衡和农村发展的不充分是社会矛盾的重要体现。农村地区发展的相对滞后已经成为我国社会主要矛盾的集中体现，根据两点论和重点论决定当前工作重点要以解决农村发展问题为基线。乡村振兴应是农业农村农民的全面振兴,要让农业兴旺起来,农民富裕起来,农村发展起来。

(二) 乡村人才振兴是实现乡村振兴的关键所在

实施乡村振兴战略最重要的是要实现农业农村的现代化,农业农村的现代化实现必须依靠人才,关键要靠农业科技人才。实施乡村振兴要坚持农业农村优先发展,乡村振兴战略任务的实现必须依靠人才,要发挥人才引领作用。乡村人才振兴在乡村振兴实现过程中发挥关键作用,实施乡村振兴需要一支懂农业、爱农村、爱农民的"三农"工作队伍。在培养"三农"人才方面,高等农业院校具有天然的师资优势、学科优势和教学资源等方面的优势,能够在破解人才瓶颈制约上下功夫,助力乡村振兴。

(三) 服务乡村振兴农业高校承担重要使命

在乡村振兴战略时代课题和重大战略背景下,迎来新机遇、新挑战、新需求,农业高校在服务"三农"发展上担负重任,在国家"三农"发展的重大决策上提供理论支撑,应为乡村振兴战略担负重大责任与使命,引领现代农业发展,培育农业科技人才。教育是是民族振兴、社会进步的重要基石,教育作为一种培养人的社会活动,对提高人民素质、促进人的全面发展、增强民族凝聚力和创造力,实现民族复兴具有重要意义。高校处在科技第一生产力、人才第一资源、创新第一动力的结合点,在农业农村现代化发展的基础理论、关键技术研究及应用方面具有鲜明特色,具有学科专业和人才等方面资源优势。农业高校作为高等教育的重要组成部分,在乡村振兴过程中肩负着培养懂农业、爱农村、爱农民的高素质创新人才,推广传播先进科学技术和信息等重任。农业高校作为涉农行业特色高校,理应发挥农业高校自身特色和优势,发挥大学人才培养、科学研究、服务社会等主体功能,围绕国家重大战略需求,从问题和需求角度出发,改革创新发展农业教育以服务乡村振兴战略。农业高校在服务乡村振兴战略过程中要立足国情,遵循教育客观规律,坚持改革创新,加大乡村人才培育、加强乡村人力资源开发、加深农业科技服务,为"三农"服务,为乡村振兴发挥重要的人才支撑和科技支持。农业高校在服务乡村振兴尤其是在乡村人才振兴上应发挥更为突出的作用,需做好带头作用,引领"三农"发展,担负起乡村人才振兴的重要使命。

第二节　高校服务乡村振兴模式的实践创新

一、农业高校与乡村人才振兴关联分析

（一）农业高校与乡村人才振兴的内在关系

高等教育要服务于一定的社会发展需要，农业高校作为高等教育的重要组成部分，应为强农业、兴农村、富农民发挥重要支撑作用，主动为乡村振兴战略承担起重要使命担当。乡村振兴所需要的人，只有经过专门的、系统的教育和培训，才能胜任现代农业产业振兴的重任。农业高校的发展与乡村振兴人才的需求具有内在一致性，为乡村振兴服务是农业高校的职责与使命所在，乡村振兴的人才需求对农业高校人才培养具有导向作用，二者协同发展，存在紧密的内在联系。

1. 农业高校服务乡村人才振兴是职能与使命所在

高等教育处在教育系统的金字塔顶端，承担了为社会发展培养人的重要责任和使命。大学承担着人才培养、科学研究、社会服务、文化传承与创新及国际交流与合作的职能，最根本的职能是：人才培养。无论高校的职能如何扩展，高校的功能如何延伸，教学是大学之本，人才培养是大学之根，能够区别于其他社会机构的根本就是大学的人才培养职能，其他职能共同为教学活动及人才培养服务。农业高校作为高等教育的重要组成部分，承担着为国家培养高素质的农业人才的重要职责。我国农业高校主动服务乡村振兴战略，助力乡村人才振兴为农业农村发展服务，是高校职能的重要体现，并进一步回答了农业高校"为谁培养人"的问题。农业高校要切实发挥好科技、人才等方面的优势，为乡村振兴培育一批人才，发挥好高校的"输血"与"造血"功能，为乡村振兴输送一批优秀青年，并助力乡村本土人力资本开发，实现乡村人才振兴。乡村振兴的实现离不开农业高校的人才支撑和"智库"保障，农业高校服务乡村人才振兴既是高校职能的重要体现，又是其使命所在。

2. 乡村振兴人才需求对农业高校发展具有牵引作用

随着农业农村的现代化进程的推进和乡村振兴战略的实施，对人才的需求已不是过去的传统农业范畴，新时代新阶段对农业人才的需求更加趋向于多元化，农业高校要紧紧围

绕时代需求为乡村振兴培养所需人才。农业高校承担着农业人才培养的重任，要以国家战略和市场需求为导向，乡村振兴及未来农业产业发展的人才需求对农业高校人才培养具有导向作用，农业高校为乡村振兴培养人进一步回答了"为谁培养人"的问题，还需根据乡村振兴现实及长远发展需要决定"培养什么样的人"。农村本土人才在长期的乡村发展过程中发挥了基础性作用，在促进农业发展带动乡村致富当中发挥了重要作用，但当前乡村发展又面临新挑战新问题，仅依靠本土人才不能实现农村的全面小康，不能满足农业农村现代化需要，还需要一批高校优质毕业生作为骨干力量。加快人才强国建设，培养知识型、技能型、创新型劳动者大军；培养造就一大批青年科技人才和高水平创新团队；培育新型农业经营主体；支持和鼓励农民就业创业；培养造就一支懂农业、爱农村、爱农民的"三农"工作队伍。乡村振兴必须要有一批创新型、应用型、复合型全方位人才方能实现人才振兴，多元结构的人才类型才能支撑乡村的全面振兴。乡村振兴的未来人才需求对农业高校人才培养提出了挑战，对农业高校人才培养结构调整具有指引性。农业高校要在把握好农业教育自身发展规律的前提下，考虑到当前阶段乡村振兴对农业农村人才的发展需求，从产业导向和需求导向出发，为乡村振兴培养所需的人、合适的人、顶用的人。

3. 农业高校人才培养与乡村人才振兴协同共进

高校的发展在于人才的振兴，衡量一所高校发展状况的重要指标是人才培养质量。乡村振兴人才是关键，"一懂两爱"的新型农业人才为乡村振兴发挥引领作用。高校人才培养功能的有效发挥是实现乡村振兴的重要抓手，农业高校要紧抓人才培养这一核心功能，紧密结合社会发展和乡村振兴需求，为乡村振兴培养人才。农业高校在促进"三农"发展，服务乡村振兴中要发挥引领功能，为乡村振兴培养人才、输送人才。农业高校只有为乡村振兴培养更多优秀人才，才能进一步提升农业高校的认可度和使命感。乡村人才振兴紧密依托农业高校人才培养优势，需要农业高校发挥助动力，切实服务好乡村人才振兴。农业高校人才培养是乡村人才振兴的基石和纽带，人才振兴是检验农业高校人才培养水平的重要一环，二者协同促进，共同发展。

（二）乡村人才振兴对农业高校的需求

1. 亟需保障专业人才培养与供给

乡村振兴战略要实现五位一体的目标要求，必须依靠一定规模的人才队伍。产业兴旺是乡村振兴的重点，农村的发展关键要促进农民增收，而产业是带动村民致富的主要动力，必须要推动乡村产业发展。农业农村的现代化需要发展一批特色产业并以地方特色产业为依托带动乡村发展，需要紧紧围绕涉农产业构建一二三产业融合的产业发展体系，促进农业产业优化升级，这需要一批农业科技专业人才的参与。专业人才是激发乡村产业振兴活力最快捷、最有效的途径，无论是农业产业生产领域还是涉农流通领域都需要专业人才的支撑。农业高校是农科专门人才培养的主要场所，亟需农业高校为乡村振兴产业发展培养一批专业人才，为乡村振兴保障科技人才支撑。

要实现乡村振兴目标必然需要更多的专业人才和农业科技人才的支持，农业现代化的实现对专业人才的要求更高，需求会稳定增长。乡村振兴背景下，在农业产业、乡村建设、生态治理等方面对农科专业人才的需求不会减少，需要农业高校为乡村振兴培养一批专业人才，尤其是农业科技人才和涉农专业人才对乡村产业发展起着关键性作用。农业产业发展需要攻克技术瓶颈、打破思维壁垒、提高产品附加值，这需要一批经过专门训练的有知识、有技能的专门人才，农业高校是农业专门人才培养的主阵地，能够为乡村振兴培养一批专业人才。

2. 亟需助力乡村职业培育与培训

乡村振兴有新的战略目标和任务要求，随着农业农村的现代化进程加快，新时代乡村振兴战略背景下对农村人力资本的文化素质必然提出更高要求，需要接受过一定程度的文化教育，具备一定知识技能和文化水平。当前农村从事农业生产和农村工作的主要从业人员整体素质和工作能力不够，亟需对其进行专业技能训练和培训，才能满足乡村振兴的人力资本需要。

一是乡村基层干部和当地涉农企业管理人员的知识结构需要进一步优化，只有提高他们的认识水平和管理服务能力才能更好发挥其"领头雁"作用，带动农民发展致富。二是需要对基层农技服务人员和科技服务人员进行系统化培训，并对有需要的开展学历教育，提高学历层次。人力资本素质在人才振兴中更具竞争力，需要农业高校对乡村从业者进一步开展教育和培训，提升农业从业人员的文化素质、生产技能及受教育水平才能更好的促进农业农村的现代化，以期实现乡村振兴。

3. 亟需输送多领域优质人力资本

新时代乡村振兴战略背景下，对人力资本的需求已不局限于传统的农业范畴，对人才的需求更加多元，趋于宽领域、多层次、多类型化，是更大的人才范围，农业现代化发展亟需农业高校培养优秀人才，以外部优质人力资本弥补乡村人力资本结构性问题。乡村振兴在人才结构性的需求体现在以下方面，一是对人才需求的专业领域更宽。乡村振兴要实现"产业兴旺、生态宜居、乡风文明、治理有效、生活富裕"的目标要求，需要涉农产业专门人才、生态农业技能人才、文化产业创新人才、基层服务管理人才和乡村实用技术人才等。对人才的需求的专业领域更宽，需要农业高校加强农科专业建设，保障多领域专业人才供给。二是对人才需求层次更高。乡村本土人才在乡村发展中起着关键性作用，随着现代农业的发展，乡村本土劳动力已不能满足乡村振兴人才结构需要，必须依靠外部优质人力资本补充。乡村振兴的推进及未来农业发展对农业科技含量增加，对人才的专业化程度要求更高，对高层次人才的需求趋于增加。农业农村现代化的实现需要一批有文化、懂技术、会经营、善管理的人才，需要改造传统农业、发展绿色生态农业、创新农业发展模式带动乡村发展致富，需要农业高校保障高层次人才支持。

三是对人才需求的类型更多。乡村振兴必须要有一批创新型、应用型、复合型的全方位人才方能实现乡村人才振兴，多元结构的人才类型才能支撑乡村的全面振兴。乡村振兴的人才需求是多元化的，从乡村振兴当前实际人才需求来看，可以分为当前阶段急需的应用型农业技能型专才；能够在较长一段时间带动乡村发展的创新创业型的带头人；能够促进乡村长期发展的复合型综合管理服务类通才。在农业生产及农产品的流通领域需要较多应用型人才；在农业产业的文化品牌推广及农村电子商务等方面需要创新创业类人才；在农业经营管理及农村综合治理方面对复合型人才的需求较多。这三类人才在乡村振兴中发挥重要作用，无论在产业的发展，生态的改善，还是乡村的综合治理等方面都发挥着不可替代的作用。

4. 亟需人才和科技助力乡村环境改善

乡村振兴重要的是能够让人才下得去、留得住，愿意服务乡村致力于乡村振兴事业。当前人才对于乡村环境改善的诉求尤为迫切，乡村环境是吸引人力资本回流的关键因素，只有更好的外部环境才能让更多人回到乡村、留在乡村。乡村人才振兴需要农业高校发挥自身专业优势助力乡村环境建设，为乡村整体环境改善提供科技、人才支持，以打造更好的生态环境、安居环境、工作环境和政策环境保障人的健康和发展，从而能够吸引高校毕业生愿意到乡村就业创业。

首先在乡村生态建设上需要农业高校发挥人才助力。乡村振兴要建设生态宜居的美丽家园，就必须贯彻落实"绿水青山就是金山银山"的绿色发展理念，要加强农村资源环境保护，合理开发建设，处理好人与自然的关系。绿色生态农业发展是未来农业发展的主旋律，当前人们对农产品的追求是吃得安心、放心、健康，追求更高品质，农产品的绿色生产经营需要一批技术人才的支撑。绿色发展之路要促进生态农业建设，把农业引向新经济、新产业、新业态，就必须推动农业转型实现创新发展；必须打造生态、休闲、观光农业等田园综合体；必须改进和推广绿色农业生产技术，加强水肥管理、病虫害防治等问题，有效解决在农业生产过程中的环境污染等问题。实现农业绿色发展，建设绿色生态家园，就需要一批掌握现代农业科学技术，能够将绿色发展理念贯穿于全产业链的技能型人才，乡村生态建设和绿色发展之路需要农业高校提供科技人才支持。其次在加强乡村治理和改善农村公共服务上需要农业高校发挥助力。当前农村基层组织成员老龄化严重，文化知识水平不够，思想观念相对保守，因此需要培育一批能够适应新时代乡村振兴工作需要的基层管理人才，以增强基层组织的凝聚力、创造力和战斗力。乡村公共生活、工作环境的改善，需要合理规划设计，需要农业高校为乡村治理贡献决策方案，提供技术支持。最后需要农业高校在促进学生基层就业创业方面给予更多优惠政策促进学生基层就业创业。当前农业高校毕业生服务基层比例较低，需要农业高校出台更多政策鼓励毕业生从事"三农"服务工作，为乡村振兴贡献力量。

二、农业高校服务乡村人才振兴的路径选择

农业高校作为农科人才培养的主要场所，在乡村振兴战略中责无旁贷，应为乡村人力资本开发承担起更大担当与使命。农业高校应结合乡村人力资本面临的现实问题与原因，发挥好高校人才培养、科学研究、服务社会等职能，在乡村人力资本开发中发挥助力作用，以产业助力带动人力资本规模形成，以教育培训促进人力资本素质提升，以创新人才培养结补充结构性紧缺，以助力乡村环境整体改善促进人力资本回乡。农业高校要切实发挥自身优势助力乡村人力资本开发，做到目标与需求契合、长期与短期结合、"输血"与"造血"融合，并加强与政府、企业、地方多方协同创新服务路径助力乡村振兴。

（一）助力乡村产业发展，扩大乡村人才规模

1. 明确自身办学目标定位

纵观世界高等农业教育发展史，都是由于教育组织要适应社会需求而进行教育形态的变革，高等农业教育在现代农业农村发展中的地位日益凸显，应根据社会结构变革做出理性选择服务农业农村发展。高等教育的发展有其自身的内部规律，但又具有外部规律性，要随着社会经济结构的变化和产业的需求进行调整，以适应市场的变化和国家战略需求。乡村振兴战略背景下对涉农产业人才需求更加旺盛，需要农业高校发挥好农科人才培养"主战场"作用，坚持为农业农村发展培养专业人才，同时要根据市场需求变化，对接产业发展做出调整。农业高校在办学过程中要明确自身办学定位，并适应乡村振兴产业发展需求。农业高校与其它高校的最大不同即其具有农业的属性，既然作为高等农业教育就要办出农业特色，做到以农立校，农学学科优势明显，为农业发展及乡村振兴培养出所需人

才，成为乡村人才振兴的培育地和新智库。农业高校在办学过程中要坚持高校内涵建设，学校在办学目标和育人理念上要重视内涵建设，把立德树人作为根本任务，培养高素质的劳动者。同时，在人才培养上要结合市场变化和产业需求，编制科学的人才培养目标和人才培养体系，立足培育服务"三农"发展的人才优秀人才，为乡村振兴产业发展提供人才保障。

2. 加强涉农产业人才培育

高校是人才作为第一资源的聚集地和输送地，也是科技创新作为第一动力的备战区。农业高校具备在学科、专业、人才培养等方面更懂农业、更亲农村、更爱农民的优势。涉农高校要紧跟乡村振兴战略需求，开展前沿探索，为乡村发展输送各类人才。一是加强涉农专业人才培养，抓好人才培养质量，为乡村振兴培养一批科技人才和专业人才，培养一批懂农业、善经营、会管理的"新农人"。二是设立乡村振兴实验班，农业高校可结合本省农业发展情况及农业人才需求情况，与当地政府、企业合作，设置乡村振兴实验班。乡村振兴实验班是农业大学结合乡村振兴战略的一次有益尝试，中国农业大学紧跟战略需求打好样板，能够为乡村振兴培养一批干得好、用得上的农业科技人才，助力乡村产业发展。

3. 推进产教融合项目发展

乡村振兴产业兴旺是重点，产业是人力资本依附的重要载体，产业发展是带动农民增收、吸引人力资本回乡、拉动企业兴乡的重要途径。乡村产业发展能够在很大程度缓解农村劳动力相对过剩，减少农村人力资本流失。乡村在产业发展上存在瓶颈问题，农业高校应为乡村振兴承担使命担当，发挥好自身科技、人才等资源优势，以更深入的科研项目合作助力乡村产业发展。

（二）加强乡村教育培训，提升乡村人才素质

1. 主动承担职业教育培训

随着现代农业产业发展及乡村振兴工作的推进，急需培育大量新型职业农民，教育培训在农村人力资本的文化素质和职业化程度提升方面能发挥关键作用，能够在很大程度提高农民的劳动生产力。农业高校拥有专业化的专家团队，在如何培育新型职业农民方面更懂技术、更有方法、更切实际，要充分利用自身专业人才优势承担起职业教育培训工作。农业高校能在新型职业农民培育中提供力所能及的场地及设备支持，能够围绕乡村振兴未来职业农民需求组建师资队伍，能够结合地方特色产业制定培训计划、创新培训方式、构

建培训体系。

农业高校要面向地方和企业培训需求,对新型职业农民、村镇干部、农业技术人才、新型农业经营主体及农村实用人才开展常态化培训,重点是加强对基层工作的高校毕业生、家庭农场主、退伍军人、返乡农民、科技示范户等生产经营主体的专业技能和科技素质提升开展培训。首先建设乡村振兴培育基地,依托高校及科研院所,联合地方职业院校,在示范村建设一批乡村振兴培育实验基地。其次组建培训队伍,农业院校要联合省市农业厅及各行专家形成梯队型的培训师资队伍,兼顾理论型与实践型专家教授,做到理论指导与实践操作相结合。最后要创新培训方法与体系,培训教师要根据当地实际情况和需求,科学制定培训方案,结合不同行业、领域、层次的人员培训需求,参照学员的文化水平和接受能力,形成分层分类的培训方式。通过开展系统性、常态化的职业培训,提升参训学员综合素质,更新传统观念,拓展发展视野,为加快乡村振兴提供一批懂技术、善经营、会管理的新型职业农民队伍。

2. 鼓励开展农民继续教育

农业高校应鼓励继续教育学院为乡村振兴承担起职业培训和学历提升工作,通过自主招生、自考、函授等形式招收符合条件的学生,进行系统的培育,形成与中等职业教育的紧密衔接,搭建起立交桥式农民继续教育培养体系。主要围绕当前乡村振兴农业技术需求,开展园艺技术、农业经营管理、农民合作社运营管理、现代农艺等专业方向。针对农民的特殊性,探索形成"半工半读、农学交替"的教学模式;在教学内容上,兼顾农村、农业实际情况,既要有高等职业教育的基本内容,又要有农业、农村特色;在教学组织形式上,把农业生产活动与教学活动密切结合起来,做到理论联系实际,线上与线下相结合。农业高校要立足乡村实际和人才需求,探索创新人才培养模式,为进一步服务乡村振兴培养农村基层管理人才、技能人才和实用人才,统筹各种资源,更好推动农民学历教育工作,促进文化素质提升,推进人才振兴服务乡村振兴。

3. 深化农业科技服务指导

为切实提升农民综合素质,提高农业生产管理技能,必须开展实地的技术指导和咨询服务。农业高校要充分发挥自身在专家人才和农业科技上的优势,围绕乡村振兴目标要求和实地需求开展技术服务和专家咨询工作。一是实行专家人才特派计划,成立科技专家服务队,选派实践能力强、工作经验丰富、专业对口的专家人才作为特派员下派到基层进行定点帮扶。重点结合农业科技园区带动、农业科技计划项目实施及科技创新平台等资源,开展产业扶持行动。高校科技特派员重点开展农业、教育、文化、卫生等方面的帮扶,推广新技术、新方法，解决新问题，从而提高农民生产技能。二是成立研究生助力团，选派干部到基层挂职，通过科技人才基层服务培训乡土技术人才。三是动员高校科技人才开展科技示范活动及咨询服务，结合农业高校科研及学科优势，为乡村产业发展问诊把脉，利用"互联网+"建立农业科技服务平台，提供技术指导和咨询服务，形成全产业链式服务模式。通过科技人才服务当地企业、合作社、农民协会等，解决专业人才短缺问题并进一步提升从业者生产技能和水平，是产学研一体化的有益探索。

（三）创新人才培养环节，优化乡村人才结构

1. 调整优化学科专业结构

农业高校要适应高等教育变革的浪潮，适应农村社会转型的需要，大力升级改造传统农科体系。结合乡村振兴战略需求，面向新农业、新农民、新农村、新业态，进一步调整学科结构，完善专业设置，并进一步修订人才培养方案，完善课程体系。乡村振兴在乡村旅游、休闲农业、"互联网+"、文旅融合等农业产业上所需人力资本较多，农业高校要从"新农科"建设大视角出发，瞄准未来乡村产业发展需求，加强学科交叉融合，为乡村振兴培养一批多学科背景的高素质复合型人才。农业高校要结合乡村振兴战略的人才需求进一步调整学科结构，完善专业设置，并进一步修订人才培养方案，完善课程体系，主动对接乡村振兴产业需求。农业高校的外部规律性要求其根据社会经济结构发展变化及产业需求进行调整，以适应市场变化和国家战略需求，要紧紧抓住乡村振兴战略的契机，对准行业发展需求培养所需人才。当前乡村发展需要对传统农业改造升级，运用现代农业生产技术、互联网等优化农业生产经营过程。未来乡村在乡村旅游、休闲农业、"互联网+"、文旅融合等农业产业上所需人才较多，农业高校在专业设置上从农业与现代互联网结合，契合乡村振兴战略需求的角度调整专业设置，适当增设新专业，以满足新的产业需求。

2. 完善农科人才培养层次

首先在本科人才培养上可推进农科生专项计划，农业高校应加强与地方政府、农业部门、涉农企业的合作，实行定向人才培养，为乡村振兴培养青年人才，弥补农业从业人员、农村基层干部、农技推广部门等人才短缺及老龄化严重的问题。从招生到就业的全过程要以学生为中心，争取更优惠和福利政策，建立良性互动激励机制，鼓励相关专业优秀毕业生从事农技推广和乡村振兴服务工作，为乡村输送新鲜血液。农业高校毕业生到基层就业创业，能够带动乡村产业的发展和升级，从而带动更多青年回乡发展，在一定程度能够缓解乡村农业从业人员老龄化和专业人才结构性短缺的现状。

3. 创新人才培养方式方法

农业高校在培养过程中，应与乡村人才需求结合创新人才培养方式方法。一是注重学科交叉融合，培养复合人才。随着一二三产业的融合发展，对农业人才的需求也趋于融合，强调多才兼具的复合型人才，需要懂技术、懂经营、懂管理。所以要推动学科与专业间的融合，打通学科大类下的专业基础课程，促进学科交叉融合，培养多元复合人才。二是加强校地企联合，培养创新创业人才。围绕区域性农业产业发展需求，重点发展优势学科和特色专业，为地方经济发展提供人才。三是注重实践教学，培养应用人才。农学专业具有较强的实践性，农业高校要坚持内涵建设与特色发展，做到以农立校，凸显优势特色，在教学中采用"理论+实操"的教学方式进行分班分类教学，加强学生实践操作能力和社会实践锻炼，培养技能扎实的"三农"人才。农业高校要不断探索创新人才培养方式方法，培养符合乡村振兴的全品类人才。

（四）改善乡村人力资本环境，促进人才合理流动

1. 助力乡村生态环境建设

生态宜居是乡村振兴的基础，是居民健康生活的保障，是促进人力资本"下得去"、"留得住"的原生动力。加强生态系统治理，加强农村生态环境改善，坚持生态优先，绿色发展的理念，建设美丽宜居乡村才能让更多人力资本留在乡村，为农村经济发展服务。农林高校在"促进山水林田湖草系统治理"等方面具有科技和人才优势，要充分发挥科研项目攻关和"智库"作用，为乡村生态环境系统治理、生态产业发展及乡村发展规划等方面做贡献。华中农业大学和福建农林大学等高校纷纷成立乡村振兴研究中心、乡村振兴研究院等能够为乡村振兴提供政策咨询，为乡村生态建设及产业规划等方面提供技术服务。同时要助力乡村文化建设，在生态文明建设方面加强科研项目和人才支持，帮助地方发掘优秀文化，弘扬传统优良传统，移风易俗，塑造良好的精神文明，搭建起乡村情感纽带，让更多人才愿意留下来。在城市生活已久的人们，习惯了城里的生活方式，只有建设更加美丽、宜居、便捷的乡村生态环境，打造更加文明和谐的乡风，才可能吸引人才从城市走向乡村。

2. 助力乡村公共服务改善

良好生活及工作环境的打造，能够对人力资本迁移产生拉力，改善农村生活环境，完善农村公共服务能够在一定程度促进外出人口、城市人口及高校毕业生流入乡村。高校要加强与地方政府的联系与合作，努力提供良好的就业创业环境及生活环境，吸进更多优秀

人才。首先做好就业保障服务，加强政校企地合作完善大学生基层就业服务保障，依托现代互联网等渠道搭建就业服务平台，畅通供需信息，鼓励大学生到基层就业到涉农单位就业。其次做好创业保障服务，高校与地方合作提供更多创业平台，为吸引更多大学生及创业者到乡村创业提供场所、资金、技术等服务，以大众创业带动乡村产业繁荣。最后要完善农村基本公共服务，为人们提供接近于城市的公共服务设施，加强人们生活保障服务，消除后顾之忧，激发其下乡服务的决心。只有完善农村基层公共服务，在教育、医疗、住房、养老等方面保障人才的生活和健康需要，才能吸引更多人才返乡就业创业，让人才能够"留得住"，实现乡村人才振兴。

3. 共建乡村人才服务机制

为更好促进高校毕业生及社会人才"下得去"、"留得住"，同时还要"流得动"，必须加强政校企协同，加强制度建设，共同构建良性循环的人才服务机制促进人才健康发展。首先出台人才引进政策。地方政府积极出台优惠政策，为吸引更多优秀大学毕业生到农村就业提供更多福利保障，为毕业生创业提供场地、资金、税费减免等优惠政策，吸引更多高校毕业生及社会人士回乡创业，服务农村经济发展。第二要建立人才激励机制。人口流动与自我内驱力有关，运用工资、福利、职位等建立适当的激励机制能够使人产生正向驱动力，促进人才合理流动，缓解人才流失，吸引人才回流。政府在资源配置中发挥主导作用，但离不开企事业单位的配合，各单位要为吸引人才、留住人才做好保障，发挥企业主体的自我调节机制，完善人才服务机制。最后要打通人才流通渠道。在乡村振兴中城乡资源要素的自由流动，其核心是人才的流动，这是创造价值的基础，对于乡村振兴战略意义重大。人人都有向上发展的需要，因此我们要做的不是把人才牢牢抓住留在乡村，而是要打通人才流动的通道，既能让人才进得来，也能让人才出得去。以市场为中介构建人才选拔晋升制度，打通人才的晋升渠道，让更多的人有机会进行自由的职业选择及职位的晋升。各企事业单位可制定合理的人才引进及选拔机制，允许符合条件的人员报名参加，并给予基层从业人员一定的优惠政策。高校、政府、企业及乡村要共同发力，共建城乡融合的互动机制，制度保障机制，扩大人才要素在城乡间的双向流动。

参考文献

[1] 马丽娟，高万里. 特色农业应用型人才培养与助力乡村振兴战略研究［M］. 西安：陕西科学技术出版社，2021.05.

[2] 葛鑫伟，杨大蓉. 职业院校乡土人才培养体系建设推进江苏乡村振兴战略研究［M］. 苏州：苏州大学出版社，2021.03.

[3] 陈丽. 乡村振兴战略下的人才培养理论与实践［M］. 延吉：延边大学出版社，2020.

[4] 邓岳南. 服务乡村振兴战略高校会计人才培养模式改革与创新研究［M］. 北京：中国纺织出版社，2022.06.

[5] 谭卓婧. 服务乡村振兴战略高职院校创新创业人才培养模式研究［M］. 北京：中国纺织出版社，2022.06.

[6] 蔡青. 服务乡村振兴战略高职院校技术技能人才培养研究［M］. 北京：中国纺织出版社，2022.06.

[7] 滕明雨. 乡村振兴战略下"一懂两爱"人才培养理论实践研究［M］. 北京：中国社会科学出版社，2019.07.

[8] 孔祥智. 乡村振兴的九个维度［M］. 广州：广东人民出版社，2018.10.

[9] 袁晓娟. 人才培养与乡村振兴战略的契合与挑战［J］. 中文科技期刊数据库（全文版）经济管理，2023，（第8期）：44-47.

[10] 李佳伟. 乡村振兴战略背景下我国农村基层技术人才培养初探［J］. 四川农业科技，2023，（第7期）：70-72.

[11] 蒋倩，龚素瓅. 乡村振兴战略下高校人才培养探析［J］. 经济研究导刊，2023，（第15期）：141-143.

[12] 向云波，林娅兰. 乡村振兴战略下城乡规划人才培养模式与实践［J］. 安徽建筑，2023，（第5期）：110-112.

[13] 刘梦瑶，刘磊. 乡村振兴战略下农村电商物流人才困境与培养路径研究［J］. 物流工程与管理，2023，（第10期）.

[14] 刘慧芳，王挺. 乡村振兴战略背景下的高校人才培养模式创新策略［J］. 吉林省教

育学院学报，2023，（第 7 期）：52-56.

[15] 伍音子. 乡村振兴战略下基于共生理论视角的新商科人才培养 [J]. 现代农业研究，2023，（第 4 期）：23-26.

[16] 张瑜. 乡村振兴战略下农村经营管理类人才培养路径探究 [J]. 黑龙江粮食，2023，（第 2 期）：99-101.

[17] 陈万鹏，刘洋，孙德成. 乡村振兴战略下"一村一"教育人才培养模式改革探索 [J]. 辽宁开放大学学报，2023，（第 1 期）：34-37.

[18] 史梦晔. 乡村振兴战略下农村人才培养现状与对策 [J]. 农村经济与科技，2023，（第 2 期）：133-136.

[19] 陈七喜. 乡村振兴战略背景下乡村档案信息化人才培养探究 [J]. 中文科技期刊数据库（全文版）社会科学，2023，（第 6 期）：83-86.

[20] 浦碧雯，王忠坤. 乡村振兴战略背景下乡村体育人才培养目标及实现路径 [J]. 乡村论丛，2023，（第 3 期）：124-128.

[21] 刘琦，盖志毅. 乡村振兴战略下农业人才培养的路径探究 [J]. 智慧农业导刊，2022，（第 21 期）：96-98.

[22] 逄锦超. 乡村振兴战略下农村科技人才培养路径探析 [J]. 中国农村科技，2022，（第 2 期）：43-45.

[23] 陈惹. 新时代下多方协同共助乡村振兴战略下创新人才培养策略分析 [J]. 记者观察，2022，（第 35 期）：79-81.

[24] 乔蕻强，张佳. 乡村振兴战略背景下新型基层农林人才培养探究 [J]. 黑龙江工业学院学报（综合版），2022，（第 12 期）：93-99.

[25] 黄圆志，宋元文. 乡村振兴战略背景下农村职业教育人才培养探究 [J]. 人才资源开发，2022，（第 19 期）：66-68.

[26] 周火梅，王志华，宁文宇. 乡村振兴战略下农村跨境电子商务人才培养研究 [J]. 广东蚕业，2022，（第 12 期）：147-149.

[27] 李晓颖. 乡村振兴战略下农村新媒体营销人才培养策略探讨 [J]. 教育观察，2022，（第 4 期）：105-107.

[28] 宋翠萍. 乡村振兴战略下农业技术人才培养的思考 [J]. 农村科学实验，2021，（第 27 期）：10-12.

[29] 李巧. 乡村振兴战略下农村电商人才培养机制探索① [J]. 现代职业教育，2021，（第 25 期）：24-25.

［30］白广伟. 乡村振兴战略下高校人才培养模式探究［J］. 山西农经，2021，（第 16 期）：144-145.

［31］齐亚华. 乡村振兴战略下农村科技人才培养策略［J］. 中文信息，2021，（第 9 期）：271-272.

［32］吴玉静. 乡村振兴战略背景下农经人才培养模式探讨［J］. 经济与社会发展研究，2021，（第 8 期）：126.